名师名校名校长

凝聚名师共识
回应名师关怀
打造名师品牌
培育名师群体

顾明远

做一个智慧的班主任

王小玲名班主任工作室
德育理论与实践研究

王小玲 郭俊江 严艳芬 / 编著

中国出版集团 现代出版社

图书在版编目（CIP）数据

做一个智慧的班主任：王小玲名班主任工作室德育
理论与实践研究 / 王小玲，郭俊江，严艳芬编著. — 北
京：现代出版社，2022.4
ISBN 978-7-5143-9859-5

Ⅰ.①做⋯ Ⅱ.①王⋯ ②郭⋯ ③严⋯ Ⅲ.①班主任
工作 Ⅳ.①G451.6

中国版本图书馆CIP数据核字（2022）第057900号

做一个智慧的班主任：王小玲名班主任工作室德育理论与实践研究

作　　者	王小玲　郭俊江　严艳芬	
责任编辑	窦艳秋	
出版发行	现代出版社	
地　　址	北京市安定门外安华里504号	
邮政编码	100011	
电　　话	010-64267325　64245264	
网　　址	www.1980xd.com	
印　　制	北京政采印刷服务有限公司	
开　　本	710mm×1000mm　1/16	
印　　张	9.75	
字　　数	156千字	
版　　次	2022年4月第1版　　2022年4月第1次印刷	
书　　号	ISBN 978-7-5143-9859-5	
定　　价	58.00元	

编　委　会

目录

做一名优雅智慧的班主任 / 王小玲 …………………………………………… 1

班级管理小妙招 / 贾取 …………………………………………………… 33

将"懒先生"进行到底 / 陈瑞霞 …………………………………………… 43

我是一名班主任,我是"超人" / 陈晓漫 …………………………… 52

班级智慧管理 / 郭俊江 …………………………………………………… 65

以"阿蒙森"精神为核心,打造班级文化 / 姜淑心 …………… 108

有爱·阅读·鼓励 / 李巧云 …………………………………………… 115

爱心育人,智慧相随 / 李雪静 …………………………………… 122

用智慧管理班级,用爱教育学生,用等待静候孩子成长 / 刘海梦 ………… 129

共同成长,相互成就 / 王琪 …………………………………………… 141

做一名优雅智慧的班主任

深圳·宝安区灵芝小学　王小玲

小档案

　　王小玲，灵芝小学教师，宝安区高层次人才，南粤优秀教师，广东省校园阅读推广"点灯人"，广东省家校共育指导师，深圳市 "我最喜爱的班主任"，深圳市名班主任工作室主持人，宝安区名班主任，优秀教师，优秀家庭教育指导师，教坛阅读之星，读书月先进个人，优秀工作室主持人。出版专著《这样做班主任，不累》，主编出版《小学班主任工作理论与实践研究》《一路向暖：王小玲名班主任工作实践探研案例集》，参与编著《通心·童心·同心：王小玲名班主任工作室班本课程设计》《且共从容：王小玲名班主任工作室家庭教育指导案例集》等书籍，二十多篇教学论文、教育故事、家庭教育论文发表在国家各级各类报纸杂志。在广东多个市、区、校做班级管理及家庭教育讲座三百多场。所带班级多次被评为深圳市先进中队。

小见解

努力做最好的自己

"老师，我家小月儿最近表现得怎么样呀？"

"无论是学习还是生活，小月儿可都是我们班的骄傲。在刚刚结束的合唱比赛中，担任小指挥，给我们班捧回了金牌奖杯，感谢您给我们班送来了这么一位小天使。"

"太好了，谢谢老师的赞赏，我和小月儿会继续努力的。"

"老师，我那儿子没得救了，只要他不打扰别人，其他我都不想管了。"

"小子在刚刚结束的班级跳绳比赛中获得了第六名哟，好了不起，要好好赞扬一番。"

"真的，看来这孩子还是有两下子嘛，像我，我得回去好好陪一下他。"

这样的对话在我22年的教学生涯中上演了千遍，遍遍都有用。

常言道：失败是成功之母，但是在我看来失败未必是成功之母，成功更能激发成功。不管是对待孩子还是对待同伴，我都努力通过不同的方式让他们体验成功。

22年，8届，412个亲密相伴的孩子。他们如繁星、如花朵，每一颗、每一朵都有自己的灿烂：爱心天使、宽容大师、足球王子、音乐天后、金牌主持等，在我的班级里每一位孩子都能找到自信的归属。

2016年初，我主持的名班主任工作室成立。我把"成功激发成功"的理念延伸到工作室队伍的建设中。工作室提供舞台，让每一位成员都经历主持、演讲和策划活动的历练，走过5年，工作室收获了硕果，更收获了成员、学员在工作岗位上越来越能体验到幸福的能力。

作为班主任工作的践行者，也是班级管理艺术的传播者，我带领着自己的团队走出市区，走向省市，将管理和建设经验传播到浙江、广州、梅州等地，名班主任工作室主持人培训课程广受赞誉。

在平凡的岗位上，踏踏实实上好每一节课，仔仔细细批改好每一份作业，认认真真对待每一次谈心，开开心心组织每一次活动，和孩子、同伴体验着各种各样小小的成功。

实践录

浸润式文化建设

人是环境的产物，班级是个小社会。班级文化对学生有着潜移默化的影响作用。营造浸润式班级文化，让学生在良性的班级成长生态共同体的环境中拔节生长。我们可以从班级文化的建设做起，班级文化有物质文化和精神文化两大内容，我们通过教室墙面、天花板、小角落、走廊的设计和布置，班风、班训、班徽的设计，班级活动的开展来营造和谐健康、积极向上的生态共同体，让孩子在这个七彩乐园中永葆天真。

（一）润物无声的班级文化建设

班级文化是学生身心健康成长的基石。班级环境对学生的影响如"润物无声"的春雨，潜移默化，难以具体估量。每个班都有自己独特的班级文化，不同的班级文化能造就不同的人，而优秀的班级文化往往能够为学生营造一种良好的学习氛围。一般来说，班级文化的建设主要分为两个方面：硬文化建设和软文化建设。那么，何为硬文化？何为软文化？

硬文化一般就是指教室文化，即是由内部的布置（包括教室内黑板报及墙画的设计、教室桌椅的摆放）以及教室外部的走廊陈设这两方面组成；而软文化则是指班规制度、班级的思想观念、班级的价值观、班风的形成、班歌、班旗、班徽等。教室不仅是学生学习文化知识的场所，也是促进学生身心健康发展的主要阵地。教室环境作为班级文化中的物质组成部分，是看得见、摸得着的实物，有其独特的文化价值。班级硬文化建设主要是从教室文化这一方面着手开展的，因为每一个孩子都是独一无二的，我们就是根据孩子们的学情与心理发展特点来为他们量身定制属于他们自己的班级文化。

苏霍姆林斯基曾说："无论是种植花草树木，还是悬挂图片标语，或是利用墙报，我们都将从审美的高度深入规划，以便挖掘其潜移默化的育人功能，并最终连学校的墙壁也在说话。"我们的教室文化就是如此，而挑起教室文化建设重担的不仅有我们的班主任，也离不开我们可爱的孩子们及家长们，孩子们是班级的主人。教室文化主要是由壁画文化、板报文化和走廊文化三大块构成。主要内容如下。

1. 会说话的墙壁

在古代，题壁诗是一种文化风气。家喻户晓的题壁诗有崔颢的《登黄鹤楼》、苏轼的《题西林壁》、王安石的《书何氏宅壁》、杨万里的《题龙归寺壁》、陆游的《题酒家壁》等。那么，在我们灵芝教室内的墙壁上又能呈现出怎样的与众不同呢？——我们是会说话的墙壁。

墙壁上最显眼处贴着的是记录孩子们成长的点滴事迹的画册，这都是班主任与孩子们共同完成的作品。墙壁很喜欢跟路过的人们诉说这群孩子的成长趣事，既有趣又温馨，让人久久驻足不移。墙壁上还贴有班主任精挑细选的格言警句，这时的墙壁就像一位学识渊博的老人，告诫着孩子们：要珍惜时光，把握好现在，不懈努力，才能迎接更好的明天！墙壁上还贴有精美的手工画，这时的墙壁就像一本厚厚的百科全书，向人们展示着和煦春风吹过的青葱树林、调皮可爱的雪人一家、严冬傲骨盛开得红胜似火的寒梅、欢快呆萌的熊宝宝，还有一棵巨大的智慧树。墙壁不仅记录了一年四季的变化，还记录着世界万物的生长，记录着孩子们的美好童年时光。听，它又开始呢呢喃喃了！

2. 多彩板报见真情

黑板报作为第二课堂的一种活动形式，也是孩子们心中美丽的彩虹。在这里，我们与孩子们携手共创，绘画出他们色彩缤纷的童年，也将他们的心意通过板报传达出来。这些图案看起来虽然创意简单，但背后却有不可忽略的感人故事，因为这些板报是孩子与家长一起合作完成的：孩子们是主力军，负责指点江山，设计板报（包括图片的构思与文字的编辑）；家长们甘愿打下手，负责为孩子们搞好后勤工作（材料的选取与颜色的搭配）。在创作的过程中，有过争执，流过汗水，孩子们还为此流下了难忘的泪水，但不可否认的是，孩子们学会了体谅爸爸妈妈的辛苦，懂得了团队合作的重要性，而家长也在这一过程中与孩子们建立起更稳固的亲子关系，彼此更加了解。

在板报的评选中，孩子们更懂得了尊重与珍惜，他们与板报从此结下了深厚的友谊。所以，这些多姿多彩的板报就是孩子们快乐健康成长的见证人！

3. 活色生香的走廊

文化走廊、书香走廊是灵芝教室外的走廊，有着其独特的气质内涵，它是独一无二的存在，更是洋溢着浓郁的书香、迸发着沁人心脾的芬芳和灵性结晶。在走廊的书架上也整齐地摆放着孩子们喜爱的儿童读物，这是孩子们的图书角，是孩子们知识的海洋，每一本书都泛着淳厚的香味，吸引着孩子们好奇的目光，为孩子们创造了一个温馨、和谐的阅读空间，让他们自由自在地徜徉于知识的海洋，陶冶情操，感受大自然与人类的精妙创作。孩子们都深知"读书能给人以快乐、光彩和才干"这个道理，所以格外地珍惜爱护这书香走廊。这浓郁的书香气息是否也激起了你内心的求知欲呢？在走廊两边还摆放着生机盎然的盆栽，有开着五颜六色的花朵，有打着卷的翠绿藤蔓……它们就像大自然派来的小精灵，守护着孩子们，孩子们也如园丁一般精心看护着它们。

如此异趣横生的走廊不但教会孩子们热爱学习，学会交流思想，还教会了孩子们热爱自然，热爱生活，尊重生命。

一个优秀的班级文化氛围，势必能够帮助孩子们健康快乐地成长，能够培养和提高学生的综合素质，同样地，优秀的班级文化建设往往就需要从建设优秀的教室文化开始，而一个优秀的教室文化也能够给孩子们的成长带来不可替代的乐趣与美妙。它如一股清泉，沁透孩子们的心脾；如一片芬芳无比的花海，给孩子们最美丽的成长天堂；如一双无形的手，托起孩子们美好的明天，为他们铺开了一条通畅平整的路，孩子们在这里尽情地奔跑，欢快地学习，获得了更多有趣的生活体验！

（二）四季走廊，伴你童心飞扬

1982年，美国纽约大学教授尼尔·波兹曼出版了《童年的消逝》一书。书中一个重要观点是：捍卫童年！作者呼吁，童年概念是与成人概念同时存在的，儿童应充分享受大自然赋予的童年生活，教育不应为儿童未来而牺牲儿童现在，不能从未来的角度提早设计儿童的当下生活……

孩子的童心需要保护！

在班级物质文化建设上，我们可以怎样来落实保护童心的教育呢？我们与孩子们共同的家——教室，我们可以让它充满诗情画意，洋溢纯真与温暖，我们秉着"贴近健康，贴近性灵，贴近生活"的理念，联合家庭，帮助孩子们一起画出心中最美的彩虹，打造一间童心飞扬的教室。

教室物质文化主要包括教室墙面布置、桌椅的摆放、板报的布局、走廊的美化等。今天想跟大家交流的内容是走廊的美化。

走廊有着独特的气质内涵，它是独一无二的存在，洋溢着书香意趣，迸发着沁人心脾的绿意以及充满孩子创造灵感的灵性结晶。

我们的走廊美化主要包括：走廊书吧、盆栽、走廊墙面的布置。我们的走廊摆放着国风书架，书架上摆满了各种各样的书给孩子们阅读，这些书一部分来自学校购买、一部分来自家长的捐赠以及孩子们自己带来分享的，每半年会对书做一期更换，更换清理出来的书会送给相邻班级的同学，或者进行图书漂流活动。这些活动能够保持走廊书吧的吸引力，不断更新的书目吸引了孩子们渴求新知的目光，孩子们进进出出都能够弥漫在浓浓的书香中。

走廊两边摆放着的绿色盆栽，形态各异、名目繁多，这些花儿都有着各自的园丁精心看护，而这辛勤又有爱心的小园丁不是别人，正是我们的孩子们。课间聊聊我的花儿开了吗，我的花儿又多了一片叶子，我那儿有只蜗牛，我这儿还有一只蚂蚁呢……

走廊的墙壁给了孩子们充分发挥想象力的空间，这一期来个书法秀，下一期来个绘画展……在二年级下学期的春天，孩子们经过反复讨论，商定了一个主题：四季走廊。

春天来啦，我们给它穿上绿衣繁花吧！看那燕子在杨柳间轻快地飞舞，桃花正和蜜蜂呢喃低语，蝴蝶穿行其中用翅膀轻抚着花瓣，小蝌蚪和妈妈一起快乐地游来游去，还有黄鹂鸟，正微笑着唱着快乐的歌儿……

春天很快就要说再见了，夏天来啦！夏天，夏天我们布置什么好呢？哦，有了，圆圆荷叶，夏荷尖尖，青蛙呱呱，知了鸣唱，蜻蜓飞舞……我们给它取个名字吧，荷香、青蛙池、点点荷池、田田河池……

凉爽的秋天，是枫叶的家，看那似火的枫叶在秋风中像蝴蝶翩翩起舞。

冬天呢？嗯，趁着深圳的冬天迟迟不来的间隙我们来一期"点点风云人物榜"吧，看看哪些点点让我们幸福，让我们骄傲啦！

哦，冬天终于来啦！南方长大的娃娃对雪的向往都让它呈现在这小小的方寸之间吧。

孩子们穿行在四季走廊，看春花秋叶，看夏荷冬雪，看着看着就长大了！

四季走廊伴你童心飞扬！

（三）别让美沉睡

近日和儿子看了一篇季羡林先生的《槐花》，写的是季羡林先生与印度朋友一起参观北大校园，从槐花树下走过，清香甜润的槐花让印度朋友大为赞叹，然而季老却不以为然："这有什么了不起呢？我们这里多得很。""难道多得很就不了不起吗？"印度朋友睁大了眼睛看着面前的季羡林。他不禁想起自己也曾经对印度的木棉花感到惊讶，而同行的印度朋友却一脸不屑。季羡林老先生由此改变了自己的固有观点：越是看惯了的东西，便越是习焉不察，美丑都难看出。他尝试永远用新的眼光去看待一切事物，努力在自己的心中制造出第一次见到的幻想，不再熟视无睹，而是尽情地欣赏，一切眼前的东西联在一起，汇成了宇宙的大欢畅。

读罢，不由得想起我与我的孩子们，从一年级来到六年级，孩子们于我、我于孩子们已经再熟悉不过了，我的课上完一个环节，下一个环节孩子们便知道：写字咯、朗读咯、小组讨论咯、表演咯、小练笔咯……而娃娃们于我也是：杰林，好文笔；羽哥，好人缘；小吉，好阅读；慧文，好歌唱；小陆，好表达……但，就仅仅这些吗？

走到五年级的今天，我们有没有因为：越是看惯了的东西，便越是习焉不察，美丑都难看出呢？

这学期开学，每天语文课都有一个几分钟的故事时间，因为我们班叫点点中队，我们便把它命名为"点点故事开讲啦"。一开始由我来讲："孩子们看看谁能够猜出今天老师讲的故事主角是谁？我们每个人都有梦想，包括老师。""我知道，老师您的梦想是成为一名优秀的教师！""谢谢，我的小知音，再次提醒老师不忘初心！""是的，有梦想就应该去追求，但是今天老师想跟孩子们分享的故事是《成就别人梦想的点点》。他是四人小组组长，在选小组座位时，他第一个上来跟我说，老师我们坐第四组最后一个四人小组吧，我们个都比较高；他参加大队委竞选和另一个点点相同票数，还是他第一个过来：'老师，我就留在班级，为班级做事，大队委竞选就让小美去吧。'在大家放学离开教室后，总有他忙碌的身影在教室来来回回，下午回来，迎接你们的就是整齐的桌椅，干净的地面。""老师，我知道，他是泽聪。"孩子们喊开了。我接着说："这节课的故事题目就叫《成就别人梦想的泽聪》吧。在我们的生命当中，除了'胜过别人''压过别人''超越别人'之外，我们能否可以'成就别人'？成就别人梦想的人，终将成就自己！"

教室里掌声如雷！

"今天，老师给大家带来的是《小气鬼点点的逆袭》，这个点点经常为一点点小事就生气，大家便悄悄给他送了一个外号：小气鬼！昨天下午拍照时你们还有看到那个小气鬼吗？"孩子们一怔！他们还不习惯我这样称呼一个小点点，虽然他们心里清楚是谁。"昨天下午我们拍集体照时，大家喊什么来着？""王老师美不美？美！"杰林来了一个拖长音：美、美、美……还解释说这就是"桃花流水窅然去"的效果。结果，引起了大家的不满："杰林，黑不黑？黑！杰林肥不肥？肥！杰林小不小气？小气！"一片狂笑，我也忍不住哈哈大笑起来。这时教室里又掀起了一片笑浪，杰林自己也笑得乱颤。"杰林平时脾气是急躁些，还爱生气，但是一到关键时刻还是又宽容又幽默的，是不是？我看这个小气鬼的称号还是不适合他的，大家以后就别用这个词了。""老师，我们给他取个幽默哥的名号怎么样？"教室掌声、叫好声一片！

杰林洋溢着灿烂的笑容。

孩子们每天都期待着"点点故事开讲啦"，因为他们知道，他们是故事的主角，故事里有美好、有幽默、有温暖、有感动……

除了我来讲点点们的故事，还有点点讲点点故事、小点点讲大点点故事、大点点讲小点点故事，有些不适合当面讲的，就形成文字交给我或者同伴来读。

比如：

王老师，我一直想对您说些心里话。

王老师，您为我们花了很多心血和金钱，您每天赚到的工资，差不多都拿来买小奖品和文具来鼓励我们学习。每当有同学生病，您都心疼得好像您也大病一场似的，愁眉苦脸地给他写放行条，叮嘱他快快好起来。

我其实也是很自豪的，因为我有一个负责任、温柔又幽默的班主任。

每当您讲故事前，我都会期待您要讲的是什么故事，故事的主角会是谁，每次我都会全神贯注地进入您的故事世界，在故事里慢慢游览。

您教我们要自律，等我带着自律这两个字考上了好大学，我一定第一个就会感谢您，约您再次相见。

王老师，我爱您！

小点点：奕铭

王老师，我想对您说："您辛苦了！"上课时，您总是很早就准备好，让我们第二天上课的时候，就能看到课文中讲到的美丽风景，您讲的课又生动又动听，我们都喜欢听您讲课。

当有同学过生日的时候，您总是早早地准备好礼物，每个过生日的同学都能收到您送出的礼物，弄得我们都想天天过生日。

当六一儿童节来临时，您更辛苦了，想着我们怎么玩才开心，想着什么奖品我们才喜欢，还想着六一儿童节的时间要怎么安排才合理，我们却只顾着自己玩，忘了辛苦安排节目、游戏的您，最后留下整理教室的还是您。

当同学生病时，您会叫我们做卡片给生病的同学，您还会买一些礼物带上我们去医院里看望生病的同学。

王老师，我想对您说："您辛苦了！我爱您！"

小点点：紫琳

我与我的孩子们，能够时时停下匆匆的脚步，看见书可画纸上的公主跟她长得一样漂亮；看见慧文在走廊低头阅读的身影是多么帅气；看见聪哥弯腰捡起了地上的垃圾；看见瞳子绘声绘色地朗读；看见轩一来一回问候的笑容；看见紫琳擦过的窗台，闪着星星般的光亮；看见绎雯工工整整的书写；看见小乔把书吧整理得整整齐齐；看见小林给老师递过纸巾；看见孙老师放学后的陪伴；看见Miss刘带着手工制作的表扬信……这周围的一切是那么美好。身边的人、事、花草都可以进入我们的故事，我们的心灵。

想起刚翻了几页的《悉达多》：即便洞悉了人生的无常和虚妄，也依旧热爱生活。看山看水，看叶看花。看，春叶新发，翠嫩的绿，油亮泛光。正如季羡林先生所说："一切眼前的东西联在一起，汇成了宇宙的大欢畅。"

（四）时时记录班级的小确幸

庄："老师我终于能够体会到慧文的辛苦啦！"

师："有故事……"

庄："昨天放学去练了两个小时的书法，回来还要赶作业，把我累个半死！慧文练书法、学武术、学唱歌，学了那么多都没听他说过一个累字。佩服！"

陆："说明慧文的多才多艺来自刻苦勤奋。"

师："是的。没有谁能够随随便便成功。"

昨天傍晚，羽哥和奶奶冒雨护送鑫宜弟弟回家。

夏雨滂沱中，一大两小，相扶相伴，走向那温暖的、透着橘黄色灯光的家。

小玥儿提着一个袋子，满面笑容地向我走来，还没来得及说话，便收到我递给她的一张扣分单："你是值日组长，你负责！"强忍着眼泪的小玥儿递上袋子："老师，这是我老家浙江寄过来的杨梅，一人可以分享两个。"说完拿着扣分单转身抹泪。小林抽出一张纸递了过去，教室默然。

师："杰林你怎么了？唉声叹气的。"

杰林："要是嘉佑能够自己承认错误，您就不会这么难过了。"

师："嗯，老师确实难过，谢谢你的理解。"

书可："老师，嘉佑真的是忘记了，他不会撒谎的。"

嘉佑："老师……"

在嘉佑愧疚的眼光下，我的难过已烟消云散。

师："谁不犯错，知道你不会有下一次。"

书可、杰林一蹦一跳走开了。

庆幸我有一个班级，这个班级里有五十几个娃娃，我可以和他们谈天说地，看花看草，哭哭笑笑。可以和他们一起成长，山高水长，天辽地阔。

众鸟所依托，吾亦爱吾庐

在这春、夏、秋的季节里，我们看见鸟儿在窗外的杧果树上经营出了一个安身的处所，并时不时和我们交流着，有时是悦耳地鸣唱，有时是静静地凝望，有时是给我们欣赏它那宁静的背影。它让我想起陶渊明的诗："众鸟所依托，吾亦爱吾庐。"

春风徐徐，我和孩子们正在上课，一只鸟儿"嗖"的一声飞入了教室，在孩子们的欢叫声中，不紧不慢地在教室的上空来回几个翱翔，便又轻巧地从窗口飞向了杧果树；夏雨滂沱，风把杧果树吹得沙沙作响，只见鸟窝里的鸟儿泰然自若，随着树枝的摇摆安闲地望着雨中的风景；秋风萧瑟，鸟儿飞到窗台，停栖在那儿，悠闲地梳理着那闪闪发光的羽毛，不时还抬头望望孩子、望望我，我赶紧向孩子们示意不要说话，我们五十几双眼睛和它相对凝望。

那些鸟儿都因为有树枝可以栖宿而异常欣喜，我也很喜爱我这间茅庐。可以这样说：那些鸟儿都因为有树枝可以栖宿，因为有我们的陪伴而异常欣喜，我也很喜爱我的这间教室和孩子们。

那么，如何让我的孩子们和我一起爱这间教室，爱我们共同的家园？我想，这间教室首先是安全的、快乐的、充满爱的。我要和孩子们一起经营一个有人文气息的温暖小家，让孩子们都爱回这个家。

做个有趣的班主任

梁启超曾说："假如有人问我，你信仰的是什么主义？我便答道：我信仰的是趣味主义。凡人必常常生活于趣味之中，生活才有价值。若哭丧着脸挨过几十年，那么生命便成沙漠，要来何用？"那么，怎么来体现有趣呢？

在一起。下课后，在时间允许的情况下，要和孩子们尽可能多地在一起：一起玩小游戏、一起下棋、一起打球、一起跳绳、一起跳校园舞、一起说笑、一起讨论时事新闻，甚至还可以一起聊聊八卦……在一起，既拉近了自己与孩子们之间的距离，还能让孩子们了解他们的班主任除了会上课之外，还是个会玩、好玩的人。

会示弱。"让老师蒙一会儿眼睛，不然眼泪会止不住。"当教师节孩子们送上写满悄悄话的祝福语时，我有些不好意思地这样说。

"我们班被批评了，我好难过，我需要安慰。"

面对着一脸难过的我，孩子们会走上来："老师，算了，大人不记小人过。""老师，忍一下，下次不会这样了。"

"老师，我帮你按摩，这样你会舒服一些。"

"老师，我们不做小气鬼。"

听着这样的安慰，我在心中已经笑了千遍。

"我虽然不是美术老师，但是我也会画鸟，看，我用1、2、3就能画出那只住在杧果树上天天和我们做伴的邻居。怎么样，我很厉害吧？"我炫耀着，孩子们哈哈大笑又不住夸赞。

我的存在对班级有价值

"因为有我，大家幸福"，是我们的班训。每一位孩子都可以在班级找到自己的归属，自己存在的价值，如杰林的讲台、浩子的电脑、绎雯的黑板、景烨的风扇、小段的文竹、凤岐的多肉植物、羽哥的签到表格、常青的人数统计、浩然的象棋管理、泽聪的书吧、鑫宜的点点银行……班级的每一物都有人代言，都有人管理。

"浩子，电脑不知道怎么了，你过来看看。"

"泽聪，书吧的书是怎么摆放的？"

"这个我不懂怎么弄，谁来教教我？"

"谁可以帮我拔掉这根白发？"

"茉莉要怎么浇水？这个你才是专家。"

这是我和孩子们的日常。

学校要开展活动，合唱比赛、跳绳比赛、朗诵比赛……

"孩子们，下周合唱比赛，我们唱什么歌？"

"要不要配上舞蹈？要不要邀请音乐老师来指导？谁去邀请？"

"孩子们，我们要参加跳绳比赛了，大家看怎么安排好一些？"

"老师，小罗去跳单摇，浩子、小庄组合，欣然、瞳子、子乐、鹏涛可以挑战花样跳。"

"老师，我也可以跳单摇，你让我和小罗PK一下，看谁一分钟跳得多，就让谁上可好？"

"老师，我觉得合唱比赛可以由我们自己来改编一首歌，因为原创歌曲可以加分哦。"

"老师，我爸爸会唱歌，我让他过来教我们。"

"……"

班级所有的大小事情，我都会跟孩子们商量，孩子们的创造性和积极性会带来一个又一个惊喜。孩子们也因为参与其中，感受到了自己在集体、在班级的价值，感受到了被别人需要的快乐。

让班级浸润在爱的世界里

我的家委给孩子们制作了这样的便条贴：因为有你，我们幸福。内容是："我要表扬×××，因为……"只要孩子们写好了内容，交给我，我就会利用课前几分钟大声读出来。

"我要表扬瞳子，她把课文朗诵得非常动听。"

"我为有宇轩而感到幸福，他的班级文化建设讲解让客人老师连连称赞。"

"我要表扬小罗，这次听写全部过关。"

"我要表扬鑫宜，送我到校医室。"

"我要表扬小凡，他上课很用心听讲，又爱回答问题……"

孩子们在这一句句表扬的温暖话语中，渐渐懂得如何做一个让别人幸福的人。

一个教室有一个有趣的老师，有自我价值的体现，还有爱，是不是也会有窗外那只鸟儿的快乐？众鸟欣有托，吾亦爱吾庐。既耕亦已种，时还读我书。

吾亦爱吾班。

班级规划，引领班级发展

——灵芝小学2014届点点班三年发展规划

（一）个性点点面面观

1. 班情、生情分析

一至三年级的孩子对学习有好奇感，却很难做到专心听讲，独立完成作业；很乐意和同学接触、交谈却不懂礼貌；特别信任老师，相信老师；没有相应的劳动习惯，对父母的依赖性很强；注意力不集中，情绪变化无常，容易疲倦；行为动摇不定，不善于控制；对成功的喜悦和失败的痛苦都很强烈；他们好奇、好动、喜欢模仿，并且有直观、具体、形象等思维特点。

2. 家庭背景分析

班上孩子大多是独生子女，娇气、依赖成风，家长望子成龙、望女成凤，不输在起跑线上的观念依然是主流，而最重要的习惯培养却被忽视。

（二）情理相融点点意

1. 班级发展理念

我的班级取名为点点中队，这是一滴自然之水、文化之水、生命之水，一路欢歌，志在大海。在点点班级，每一滴点点都能得到珍视，每一滴点点都能绽放自己的光芒。我们班的孩子们都被称为小点点，而我则荣幸地成为大点点。我们的班风是讲文明、会倾听、懂宽容、爱阅读；我们的学风是快乐小点点，每天进步一点点；我们的口号是：因为有我，大家幸福。

2. 发展目标

（1）横向目标：讲文明、会倾听、懂宽容、爱阅读。

（2）纵向目标：

时间	原则	主题	子目标
第一学年	适应	点点入小溪	文明小点点今日争做文明生，明日勇做文明人
第二学年	发展	点点汇江河	宽容小点点我有一双宽容的翅膀
第三学年	形成	点点融大海	阅读小点点融入阅读的海洋

（三）循序渐进点点行

1. 点点入小溪（第一学年）

（1）阶段目标：激发兴趣，认识自我。

（2）具体措施：

① 通过"走进我的班级""猜猜我是谁"等活动，促进生生、师生之间的了解，初步实现个体成员之间的熟悉与磨合，创建有特色的点点班级文化。

② 通过每天好习惯十分钟训练、每月一个好习惯培养和好习惯达标，促进小点点尽快实现文明小点点入小溪的目标。

③ 班干部轮流制度执行，让每位小点点通过班干部的工作养成自我约束的良好习惯。

④ 充分利用学校社团、校外社区、家校联盟的合力，借助"好习惯伴我行"系列活动、"校园运动会"等大型活动，提升班级凝聚力。

通关考验："文明小点点"举行颁奖典礼，颁发点点入小溪证书。

2. 点点汇江河（第二学年）

（1）阶段目标：确立目标，发展自我。

（2）具体措施：

① 结合班委会、家委会的力量，开展体验式团体式学习活动，从活动中发现自己的闪光点，促进学生良好的学习习惯和行为习惯养成。

② 通过"宽容别人快乐自己""我会倾听"等活动，培养学生有一颗宽容感恩的心和倾听、尊重别人说话的习惯。

③ 通过阅读《好习惯口袋书》巩固习惯的养成。

通关考验："宽容小点点"举行颁奖典礼，颁发点点汇江河证书。

3. 点点融大海（第三学年）

（1）目标：强化实践，提升自我。

（2）具体措施：

① 树立快乐学习的理念和营造自主学习的氛围。学习本应是快乐的、自主的。举办"好书漂流活动""我是小书虫"等活动并以激励表扬为主，让学生体验到学习的快乐。只有当学习是快乐的，他们才会自主地去学，快乐是自主的前提。

② 举办"书法比赛""美文朗诵""和好书交朋友"等活动，营造"每天都有收获"的学风。引导孩子们自己和自己比，看看今天又学到了些什么新知识，巩固了哪些旧知识，让自己每天都有收获，今天的我比昨天的我有进步。

通关考验："阅读小点点"举行颁奖典礼，颁发点点融大海证书。

4. 家校合作点点情

（1）目标：团结广大家长这一重要的教育资源，形成家校合力。

（2）具体措施：

① 建立班级家委会、班级微信公众号、班级家长QQ群，为家长提供沟通交流的平台，为孩子的点滴进步点赞，为学校教育在家庭的延续做好衔接。

② 创办家庭教育电子报、家长漂流日记本、家长义工大讲堂，为家长展示自己的育儿经验，提高家长的教育积极性和教育方法的多样性。

结语：想得好是聪明，计划得好更聪明，做得好是最聪明又是最好。——拿破仑

因此，我将陪伴着这52个小点点在静静地流淌中朝向完美。

文化是班级的灵魂，也是班级核心价值观形成的基础和班级精神的集中体现，一花一叶、一言一行都可以对学生起到熏陶和影响作用。我们通过班级文化布置，打造班级特色，通过小活动建立班级互信互助的相处模式，给孩子营造一个和谐健康、积极向上的生态共同体，让孩子在班级的七彩乐园中永葆天真。

趣味化班级管理

没有兴趣就没有教育，让学生在活动中成长。教育家顾明远先生用精简语言道出了教育的真谛。生活实践活动是学生成长的摇篮。我们要爱孩子，更要懂孩子，走进孩子的心灵，与他们一起设计适合他们的班级实践活动。比如有趣的班干设置、有趣的激励机制、有趣的专属小名、有趣的作业评语等。小活动大德育，通过这些充满趣味的小活动，能实实在在地培养有爱、有自信、有规则、有归属感的孩子。

（一）有趣的班干设置

班主任有两种类型，一种是"自己忙"，另一种是"学生忙"。"自己忙"，班级大小事情都亲力亲为，这种类型的班主任，如果能力过人，班级活动、班级秩序也会因为班主任的事事关心而出色。但是也很容易养成孩子们事事依赖，只要班主任不在班级就很有可能乱成一锅粥的状态。"学生忙"，把班级任务分解到每一位学生身上，班主任扮演导演、教练的角色。在小学一至三年级阶段，班主任比较适合扮演教练角色，等到四至六年级，就适合扮演顾问、导演类型的角色了。"学生忙"，让每个学生都有事情做，忙到没有时间去扮演熊孩子的角色，忙到个人能力得到充分的展示和提升。

我班的趣味班干主要体现在以下几点。

1. 趣味班干，促进自律

我班有如下班干岗位，长系列：常务班长、值日班长、口令班长、门长、窗长、风扇长、灯长、花长；管理员系列：走廊管理员、教室管理员、卫生管理员、讲台管理员、早读管理员、午练管理员、眼保健操管理员、排队管理员等。在一至三年级时，一般都是轮流做，每周一换，保证每个孩子都能够有机会参与其中，扮演不同的角色。孩子参与管理的过程其实也是他自己自觉遵守规则的养成过程，比如，本身就喜欢追赶打闹的孩子，你委任他管理走廊，他在管理的过程中需去提醒同学，还要约束自己不要追跑，其实就是在内化自己的行为，再调皮的孩子经过几次这样的过程，相信都会有不同程度的改变。这样轮流，从三年级开始就会慢慢培养一批心地善良、胸怀开阔、管理能力比较强、不怕吃苦的孩子，这些孩子就可以考虑安排一些固定的岗位。

2. 总结反馈，巩固效果

班主任要重视及时反馈班干部的记录，我班的班干部每人会有一张含有全班同学名字的表格，比如管理走廊的同学，下课喝水、上厕所，整理好下一节课的学习用品后就到走廊观察，提醒劝告追赶玩闹的孩子，提醒超过三次，再进行扣分记录；在走廊文明交谈、阅读、下棋、折纸的同学看见一次加分一次，周五就把所有的表格回收。一年级的孩子需要班主任自己或者请家委帮忙汇总分数，评选前十名的同学进行表彰，后五名的同学需要及时提醒并分析原因帮助改正。前十名的同学还可以给自己的点点榜积分，与积分相对应的晋级游戏：小点点、蓝点点、银点点、金点点，积分达到100分升一个等级，吸引孩子们不断巩固自己的好行为。

3. 花样称呼，保持兴趣

孩子们来到小学高段时，一般到四年级就会出现一个分水岭，对前面一贯使用的评价竞争机制会进入疲倦期，不新鲜，不感兴趣，这时候需要我们做一些小小的调整，我把班干部的名称进行了更改。

班务总理：

（1）对班上教育、公安、财政、卫生和文化情况全面负责；

（2）及时处理班上出现的突发性事件；

（3）研究班上存在的热点、难点问题，并及时与班主任沟通；

（4）负责统计班级的德育量化评比。

班务副总理：

（1）负责班上同学的出勤、仪容仪表检查；

（2）负责统计班级的德育量化评比，协助总理工作；

（3）分管卫生、教育、公安、财政、文化等方面工作。

班级教育部长：

（1）深入了解同学的思想状况，并做好个别同学的思想教育；

（2）成立语数英辅导小队，为学习困难学生排忧解难；

（3）向各科任教师了解学生的学习动态；

（4）主抓班级学风建设。

班级安全部长：

（1）负责班级纪律，配合总理工作，处理班内突发事件，建立和谐轻松的学习环境；

（2）负责课后与科任老师交流，确定课堂表现好差与否名单；

（3）负责升旗集队、课间操、体育课及课外活动的组织工作，及时登记请假同学的名字和原因，并及时向相关老师报告。

班级财政部长：

（1）督促同学爱护公共财产，及时登记被损坏的公物，并登记损坏公物的同学名单；

（2）做好班级财政收支及保管工作，做到账目正确清楚。

班级卫生部长：

（1）负责安排值日岗位人员分工，指导并督促同学认真做好本职任务；

（2）对班级卫生情况全面负责。（详见扣分细则）

班级文化部长：

（1）负责班上新闻播报工作、读书交流工作；

（2）负责组织配合学校的各类文艺活动；

（3）负责班级文化布置，植物角、图书角管理。

班级监察部长：

（1）监督各班务干部的执法行为，凡是发现徇私舞弊的，提交到"最高法院"，一经查实，罢免该干部一切职务；

（2）监察各学生日常行为，发现问题，提交给各部长。

班级法院院长：

（1）调解班务干部与各学生之间的矛盾，依"法"处理各种"申诉""诉讼"；

（2）与监察部门配合，监督各班务干部执法行为。

班级人大代表：

（1）与任课老师密切配合，及时收发作业，保证各项教学活动顺利进行；

（2）做好对个别学习困难同学的帮扶工作；

（3）学习上认真刻苦，在同学中起到表率作用。

上面的工作内容，其实和之前一至三年级时所做的工作是一样的，只是称呼做了改动，更贴合我们的日常生活，孩子们立马兴趣高涨，争着用最好的表现来获得自己心仪职位的体验。

做班干部的培养尤其是低年级的班干培养，不是一蹴而就的，需要班主任耐心、细心、热心的指导和教育。多花一些心思，不断去尝试，不断去创新。这样不仅培养了孩子，解放了自己，更重要的是会给我们的班集体带来意想不到的收获。趣味的班干设置，既锻炼孩子们的能力，又让孩子们乐此不疲。

（二）有趣的激励机制

在小学的课堂，游戏一定是孩子们最喜欢的学习方式，所以无论你教什么学科都请你尝试着与游戏相结合，即使不能与游戏相结合，还可以设计游戏的竞争机制。

我班主要采用以下激励机制。

1. 点点旅行记，角色扮演促进步

来自绘本故事《点点旅行记》，故事大意是：我们是小水滴，我们的家是大海。那儿有可爱的鱼儿，碧绿的水草，还有美丽的珊瑚！一天，空中飞来一群大雁，向我们招呼："小水滴，快上来，跟我们一起去旅行吧！""大雁姐姐，我们没有翅膀，怎么飞起来呀？""你们可以请太阳公公帮帮忙嘛！"大雁姐姐说着，就急匆匆地飞走了。第二天，太阳公公刚起身，我们大伙说："太阳公公，我们要去旅行，可是没有翅膀，请你帮个忙吧！"太阳公公点点头，微微笑。太阳公公升起来，放射出万道金光，照得我们睁不开眼，浑身暖烘烘的。不一会儿，我们的身体变轻了，慢慢地离开了大海，向空中飞去。大家快乐地叫起来："我们长翅膀啦！我们长翅膀啦！"原来，我们都变成水蒸气了。

飞呀飞呀，我们觉得有点冷了。我们三个一伙，五个一群，紧紧地抱在一起，越抱越紧。一会儿，都变成了一颗颗很细很细的小水滴。风爷爷带着我们在空中飘来飘去，人们把我们大伙叫作白云。

哎呀，我们的身体怎么这么沉，越飞越累，越飞越慢，都有点飞不动了。过了好一会儿，我们想，到大地上玩玩多好呀！风爷爷好像猜到了我们的心思。"呼啦——呼啦——"刮起风来。

这时，我们里面有些大胖子，冷得缩成一团，又变成了小水滴，还来不及和我们告别就落下去了。只听见地上的小娃娃们欢呼起来，"下雨了！下雨了！"

大伙排着队又流进了大海。

根据这个故事，我和孩子们一起商量制定了我们班的"点点旅行记"班级竞争机制。每个人一个小点点，在教室的后墙上布置情境图，分为四个等级：点点滴荷池、点点入小溪、点点汇江河、点点融大海。从坐姿、回答问题、作业、文明礼仪等方面进行考核打分，积分达到100分的学生进入荷池，积分达到200分的学生进入小溪，用积分给学生升级，每进入一个新的目的地的点点将获得家委会送出的奖牌和礼物，达到融大海的点点，将获评该学期的优秀学生、三好学生等荣誉。

还可以根据点点这个班名，设置小点点、蓝点点、银点点、金点点、点点之王的晋级机制，去激励学生像小水滴一样叮叮咚咚向大海。

2. 点点银行，规范行为有作用

人们总是说好孩子是表扬出来的。是的，每个学生都渴望得到老师的表扬和鼓励，在孩子的心中，老师和家长的评价就是自己评价自己的依据，他们还不清楚自己是一个怎样的学生，完全依赖身边的人尤其是老师和父母对自己的评价来确认，老师说我是个乖学生，我就是乖学生，不是乖学生我都会努力向乖学生靠近；妈妈说我是不听话的孩子，我就是一个不听话的孩子。尤其是老师的评价对学生自我认识起了很大的作用。

从四年级开始，我就给学生使用"点点银行"的激励机制。

点点币，就是在班级流通的货币。点点币是根据学生在学校表现的情况，对班级贡献的多少，得到数额不定的班币，然后集中在学期中、学期末可用班币兑换一定的小礼品、学习用品甚至推选星级学生。

第一步：设计班币。在最开初，在班级里宣传班级将使用点点银行币，并根据大家的表现获得不同数额的点点银行币，点点银行币可用来兑换学习用品，还可以用来推选星级学生。接下来就是设计点点银行币，这一任务我也让学生自己完成，然后大家投票选择优胜者使用。设计好点点币，家委联系印刷厂印刷。

第二步：制定班规。有了点点币，就需要考虑如何来奖励和惩罚了。用一节班会课和学生一起讨论点点币的使用规则，经过讨论，最终形成这样的规定，每人固定一周10元的"工资"，再根据每周五收上来的班干部的评分表进行分数统计，每10分增加1元的奖励，同样地，每扣10分就扣1元工资，本周工资不够扣的，需要通过给班级付出劳动来获得补助或者延续到下周扣。

第三步：实施阶段。这是最重要的阶段。教师根据已经成文的班规，选拔出几个得力的小助手，负责管理点点币的分发和回收。在管理上，我把管理学生分成四组，即作业、纪律、卫生、文明，四组管理学生各司其职。将奖励和扣罚班币的学生登记在记录本上，然后在班级银行领取或存入班级银行。

第四步：兑换阶段。到规定的日期，如期中考后或学期结束后，学生可以拿着自己的点点币到班级超市兑换奖品。除兑换物质奖品外，还可以兑换星级奖章，如50元点点币可以兑换蓝点点、100元点点币可以兑换银点点的奖章等。

无论是使用故事激励还是角色扮演，我们的最终目标就是培养讲文明、会倾听、懂宽容、爱阅读的学生。让他们通过这些有趣好玩的游戏激励自己，自律成长。

3. 风云人物，榜样示范有效果

（1）岗位设置

首先将班级细致地划分为若干个"办公"区域，分别对教室、教室前排、教室后排、垃圾桶、小组、走廊、厕所、书吧等这些位置进行分区管理，同时还增设具体的"工作"职责，如好人好事、爱眼操、出操、午休、放学、值日、收作业、开关灯、电脑等。每一个岗位安排两人负责，以便一人没空时另一人还可以站好岗，不至于出现无人管理的放空状态。

（2）任务细化

教室主要管理追跑，教室前排负责黑板、前面地板、第一排桌椅的对齐、讲台卫生的管理，教室后排主要负责最后一排桌椅的对齐、地板卫生的管理，垃圾桶管理任务主要是垃圾桶的及时清理，垃圾桶周边的卫生需保持干净。

教室共分四个小组，每组一位大组长，主要负责课堂纪律的记录及卫生管理。走廊主要管理任务是及时制止追赶打闹现象。厕所管理任务是不在厕所玩闹、节约卫生纸及避免洗手时水甩到地上。书吧则需要保持书本摆放整齐，记录同学课间看书详情。

爱眼操主要关注是否认真，动作是否到位。出操的要求是不说话、排队动作要快、踏步手与肩膀平齐，脚要抬高。午休，吃饭前洗手、安静排队领餐、安静吃饭、安静休息。放学，路队整齐，按时排队。值日，桌椅摆放横竖对齐，扫地干净，拖地整洁，门窗干净，电源、窗帘、垃圾桶、工具箱等保持干净整洁，按时完成。收作业的同学主要记录按时上交、没交、迟交等情况。

（3）实践操作

轮到管理的学生，手上有一张写有全班学生名字的表格，看见有违反班级约定的行为学生马上进行提醒，提醒两遍后依然置之不理的则进行扣分，一次扣10分。比如，自己的区域有垃圾，提醒他收拾干净，如果此学生能及时收拾就没问题，但如果提醒两遍后仍不理睬的，管理员需要在表格里给该同学扣除10分，并帮忙收拾干净。

每一位学生的基础分为100分，根据一周的表现加减相应的分数，加分及扣分视程度分别做10、20、30分的加减进行登记。周五下午放学将所有表格回收，要求所有管理员在表格写上管理项目和自己的名字，所有合格的管理员都可以获得50分的奖励。如果没有写名字和项目，则50分的奖励就不予加入。

回收表格前还要让每一位管理员在表格的背面书写两项内容：第一，我要重点表扬谁；第二，我要特别提醒谁，并简单写明原因。如果学生被提醒一次，需要多扣10分；同样地，被表扬一次可以加多10分。这样做的目的是让每一位学生基本都能了解自己加分、失分在哪里，并让学生明白自己的自律与随性都有人看见。

（4）个人奖惩

回收表格，班主任可以自己统计总分，或将表格交由班干部帮忙统计出每一位学生获得的总分，列出总分最高的前20位学生进入本周"风云人物"榜，进行颁发奖品、奖状的表扬和鼓励，奖品可交由班委协助购买。另外，还设5位进步奖，鼓励部分后进学生，让他们通过自己的努力也能获得老师和同学的肯定。进步奖主要从学习、守纪、宽容等方面来衡量，让学生推荐并投票通过。每周周一在班会课举行颁奖仪式，宣读"风云人物"先进事迹，这些事迹来自监督员表格后面的表扬及表格里统计出来的单项高分前5名的项目内容。给"风云人物"拍合照，推送到家长群，并张贴到教室黑板报上，增强光荣感，推动全班学生形成争当班级"风云人物"的热潮。接着公布未上榜学生的得分，根据监督员的反馈总结每一位学生的优缺点，提醒学生发扬优点、改正缺点。扣分比较多的学生需要放学后留下单独谈话，第一，问明原因，看看需要教师哪方面的协助，斟酌是否需要家校合力共同教育。第二，班主任要加强关注，如课堂及时鼓励，课间时时谈天，增进与学生间的情感，发现问题及时引导等。

第三，需要承担班级打扫卫生或擦黑板、浇花、擦桌子、倒垃圾等服务工作，以此增强规则意识、促进自律能力的形成及为他人服务的意识。

班级还有加分奖励，临时加减分需要选出一位学生协助。如获得五星班、项目优胜奖、班集体获得表扬，可以全班加分，加10～100分不等。又如，上课非常认真，教师提出表扬的学生可以一次加10分，考试取得好成绩可以加20分，好人好事一次可以加50分，等等。

每周的常规总分进行累计，到学期结束将以常规分为参照评优评先，以及期末减免作业的奖励。比如，常规分达到3000分减免作业一项、达到4000分减免作业两项等奖励。除了减免作业外，还可以任选课外书一套、教师请吃四菜一汤、电影票两张、附上教师表扬的明信片一张等。三好学生、阳关少年等期末评优则可考虑从高分往下入围。

一个学期下来，每一位学生都能承担至少三次不同岗位的监督任务，学生在监督及承担任务的过程中不仅学会自律与宽容，学会沟通与妥协，学会责任与担当，学会公平与公正，更能体会管理的不易，教师的辛苦，从而形成正确的价值观，自律能力与管理能力都得到提升，养成良好的行为习惯。

班主任工作是一项爱的事业，所有的教育与管理行为都需要建立在爱学生的基础上，对总是处在低分段的学生，要给予更多的关爱和引导，给他们制造机会品尝成功。让每一位学生都有成功的机会，都能在班级找到自信和归属感，能让他们的潜能得到长足的发展，这是我们努力的方向。

（三）有趣的专属小名

自古以来，孩子一出生，父母都会给孩子起一个乳名，即小名。在古代，无论是帝王将相还是平民百姓，大都有小名。他们的小名或有趣，或儒雅，或寄托厚望，或表达深意，都有着丰富的意趣。

古人为孩子起小名的出发点最普遍的是为了孩子好养活，所以故意用阿猫阿狗的字眼来为其命名。如西汉著名的辞赋家司马相如，小名"犬子"，后来，随着司马相如的成名，人们便纷纷用"犬子"一词来谦称自家的儿子，发展到现在，已演变成了日常用语。另外，刘禅的乳名"阿斗"，曹操的小名"阿瞒"，宋武帝的小字"寄奴"，北宋陶谷的小名"铁牛"，苏辙之子苏远的小名"虎儿"……这些小名越是俗气，越是好养活，越是体现了父母对孩子的深沉爱意。

虽然古人的小名随意，登不得大雅之堂，但是这些小名却饱含了父母对子女的浓烈爱意。好记顺口，意趣十足。

我也有父母给予的小名"妹头"，虽然现在自己年龄也不小了，但是每当回到父母身边，一声声的"妹头"是让我最满足、最幸福的呼唤，它已经不仅仅是一个小名，它是父母的爱，是我对父母深深的眷恋。于是，我也喜欢给我的每一位学生取一个专属的小名。例如，云玥，我们叫她小玥儿；月月，高大一点，我们就叫她大月儿；还可以只取名字中的一个字，如浩然，我们叫他然；言兵，我们叫他小言；高大的凯杰，我们叫他杰哥；矮小的家浩，我们叫他浩子；等等。当你用这些小名称呼学生的时候，你会发现再调皮的学生都能在你呼唤他的时候温柔如棉。因为学生能从这些属于自己的小名里感受到教师对他的满满爱意。

当然，学生很有可能淘气，做了让人难过的事情，这时候我会给予一天不叫他的小名，甚至一周不叫他的小名的惩罚。看似可笑的做法，但是对学生来说却是天大的事情："我的小名要让老师天天叫呀""我要保住我的小名"……

（四）有趣的作业评语

如果说孩子做作业磨蹭是家长的难题，那么学生在学校不交作业，那就是教师的头疼事。有些孩子交了"神作"，一般的作业我们教师也是有一些神回复来PK。来看看我的一些作业评语。

教师估计是改的作业太多了，手抖了，教师说："（这道题）对，不好意思哈，手抖就这样了！"

学生回复："原谅你！"

"这作业，老师手工送赞32个。"

"嘉佑很擅长写景，把重庆的夜景写得如此华美，也只有你这位才子能做到了。赞！"

"话说这画得怎么有点像你？"

学生霸气回答："我有这么老吗！"

"亲爱的小玥儿，字美，文美，赞一个！"

"紫琳就是漂亮，会写工整的字，会编好听的故事。"

"老师似乎看见一位作家和一位画家在共同完成这份作业！能干的小玥儿，我们向你学习。"

"画得太美了！美字配好画，诗一般的女孩，你吸引着大家。"

"老师也很开心，每个字都那么工整飘逸，画的小鹿斑比像绎雯那么可爱！"

"慧文的字写得真漂亮，画得好专业，一份赏心悦目的作业让老师觉得好幸福。"

"看到这样的作业，老师就会笑成一朵花，爱书可！课堂上能多发表点你的看法吗？"

"老师，知道了，我想您天天笑。"

有了这样的评语，有没有好想写作业的冲动呢？当然，孩子毕竟是孩子，总有倦怠期，也不是次次作业都完美。

"歌王大谭，印象最深的地方，如湖水、天空，可详写呀！补上，可好？"

面对这样的作业，我们可以和孩子商量着来。

"亲，我喜欢字配画，下面空白处留下点什么好呢？"

"打雷，行吗？"

"行啊，赞！"

"字写得工整美观，赞一个。"

"小玥儿不但会写字，画画也很出色，批改你的作业真是一种享受。"

"小吉，如果能给这段话加一个总结是不是更完美呢？"

"完美的书写，完美的表达，爱小吉。"

"谢谢老师，爱老师。"

学生作业不理想，不能一味地责怪，教师的正确做法是发现他的闪光点，鼓励他，启发他，改变他。

1. 给予每一位学生积极的期望，让学生不好意思不交作业

每一位进入我班级的学生，我都会尽力、尽快去挖掘他的优点。比如，诚实小子泽聪、小小绳王小罗、足球小子小谭、歌王大谭、棋王浩子、孔雀公主冬儿、朗诵王子小言、金牌主持瞳子等。每位学生都能够得到我和大家公认的一个美好的爱称，在这些爱称之下的学生都能在自己的班级找到归属感和荣誉感，一般极少发生不交作业的情况，即使有偶尔忘记的，大家一打趣：呀，绳王也会不交作业呀？歌王可以用歌声把作业唱给我们听呀！当事者往往不好意思，很快就把作业补交上来了。也就是说，当你能够挖掘赋予学生的美好品质时，他们也能和你期望的一样美好。

2. 及时检查反馈，让学生不敢不交作业

让学生不敢不交作业，我们必须要做到：及时收、及时批、及时发。每天的作业，我都会尽量安排在学生精力集中的时候布置，比如，上课前或者下课前。作业分小组管理，组长每日收取各科作业，初步检查，对没做作业的学生做好统计，并用便笺写好交给老师。对于没交作业的学生或作业完成不认真的学生，我们必须和善与坚定并行，包括严肃的谈话，甚至寻求家长合力。比如我会这样和学生进行对话：作业没交，有什么事吗？你对这件事有什么感受？你如何解决这个问题？老师可以怎么帮你？尽量克制对学生长篇大论的说教，帮助他们从自己的经历中学习会更有效。对及时交作业的学生，在班级和家长QQ群及时公布表扬。学生知道老师对作业是认真的，必然不敢不交作业。

3. 在学生的作业本上留下你的鼓励、祝福、问候，让学生盼着交作业

如果我们的学生常在作业本上看到老师的鼓励、赞扬和美好祝福语，有时还有好笑的玩笑话，这样的作业会很有意思；学生每天都很期待教师发下作业，默默读着教师给予的评价语，或者相互攀比着谁获得的表扬多一些。作业本中有了教师和学生的情感与生命的连接，相信离学生盼着交作业也就不远了。

积极期望、及时检查、正面评价，换来学生对作业的期待与珍惜，何乐而不为呢？

除了我们以上介绍的几种趣味管理小方法外，我们和学生的日常相处过程中也可以用一些幽默的对话或者小笑话带给学生有趣有益的小启发和小引导。

趣味是一门艺术，充满了智慧的幽香，能让平凡的岁月变得更可爱可亲，让欢乐跟随琐碎的日常。趣味管理不但让学生从中感受到快乐，更让老师能够从自己平凡的工作生活中找到快乐。正如梁启超所说：假如有人问我："你信仰的什么主义？"我便答道："我信仰的是趣味主义。"有人问我："你的人生观拿什么做根柢？"我便答道："拿趣味做根柢。"凡人必常常生活于趣味之中，生活才有价值。若哭丧着脸挨过几十年，那么生命便成沙漠，要来何用？让趣味充盈自己与学生的时光吧。

游戏式微小德育

主题班会课是班主任工作、学校德育的常规，也是落实立德树人根本任务的基本形式。根据小学生具体形象思维为主和注意时长短等特点，将原本一节课40分钟的传统主题班会分割成一个个几分钟甚至一两分钟的小游戏渗透在我们的每一节课中，如课堂规则操、课间规则操、游戏三猜、一分钟故事、表情游戏、户外游戏等一系列短小又有趣的小游戏，从这些小游戏中让学生既感受到学习的欢乐，又能明白做人做事的道理，还能快速集中注意回到你的课堂，避免出现课堂吵闹无序而又无效，也让学生喜爱上你，从而喜爱上你的课堂。

（一）课中操，集中注意养习惯

瑞士心理学家团队用实验证明了在睡眠过程中，熟悉的味道能够在大脑中形成记忆，睡梦中也可学习，从而帮助你更加有效地完成学习任务。同样，"休息"也是成长必不可少的环节。心理学家告诉我们，小学低段学生的可持续注意力只有20分钟，我们在低段的课堂很明显能感受到学生一过半节课就开始出现分神、不耐烦、小动作、讲话等与课堂无关的行为，一节课40分钟的时间如何让我们的学生保持注意力？课中操应该是一个帮助学生有效消除疲劳，集中注意的不错的选择。

想让我们的学生既喜欢课中操，又能缓解疲劳，集中注意，还有助于对课文的学习理解，我们设计的课中操应该具备趣味性、情境性、目标性。课中操最好能够与课文内容有机结合为我们的课堂服务。

下面列举我的语文课堂经常使用的几种类型的课中操。

1. 巩固知识

刚学完六个单韵母，为防止学生产生遗忘，我们可以在课中操中来一段小儿歌，一边念一边使用手部动作表演：

张大嘴巴aaa，圆圆嘴巴ooo，扁扁嘴巴eee，牙齿对齐iii，嘴巴小圆uuu，嘴巴翘起üüü。

等学生学完了拼音，我们可以这样来复习：

点点头，拍拍手，身子坐直，脚摆平，我们来背声母表，b p m f d t n l g k h j q x z c s r zhi chi shi y w。

叉叉腰，闭闭眼，我们来背韵母表，a o e i u ü ai ei ui ao ou iu ie ue er an en in un ün ang eng ing ong。

写字时，我们可以来一段对答：头，要正；肩，要平；背，要直；一尺一寸一拳，要记牢。开始。

学习课文《我上学了》巩固生字的读音时，我们可以练习："迟、迟、迟"翘舌音，"早，早，早"平舌音，"太阳""花儿"露笑脸，上学早到，不迟到，不——迟——到！

2. 拓展课文内容

学习课文《金木水火土》时，课中操就可以根据课文内容加入一段学生在幼儿园学过的万物歌：天地气象风雨云，日月金木水火土，山川禾苗石草竹，井田瓜果豆米蔬。一边拍手一边朗读，一边做动作一边朗读。

学习课文《小小的船》时，可以拓展唱儿歌，边唱边根据课文大意表演动作。

小小的船

弯弯的月儿小小的船

小小的船儿两头尖

我在小小的船里坐

只看见闪闪的星星

蓝蓝的天

学习课文《识字四》时，可以引领学生学习拓展儿歌：蜻蜓半空展翅飞，蝴蝶花间捉迷藏；蜜蜂四处采花忙，蟋蟀草中把歌唱；燕子徘徊南北方，蚂蚁排队一行行。

边朗读边打节奏，用手打，用脚打，还可以点头扭腰打节奏，或模仿动物动作表演。

3. 情景表演

一年级上册学习方位词时，我们可以请全班学生面向东方，也就是太阳升起的地方，一起拍手念：面向太阳，前面是东，后面是西，左面是北，右面是南。一边做动作，一边背儿歌。还可以请一名同学做导航员，一边读儿歌，一边帮助大家做动作来辨别方向。

学习课文《荷叶圆圆》时，可以让学生扮演小虫、蚂蚁、小鱼、蜻蜓、露珠、荷叶，一群可爱的小动物，有的游、有的爬、有的飞……

4. 游戏放松

有些课堂确实找不到好的内容相配，则可以来一段《健康歌》：抖抖手呀，抖抖脚呀，一起蹦蹦跳。拍拍手，拍拍手，上拍拍，下拍拍，左拍拍，右拍拍，伸伸我的左手，伸伸我的右手，扭扭我的小腰，端端正正坐坐好！一两分钟的左扭右歪很快就可以把学生的注意力成功拉回课堂，还能活跃课堂氛围，让学生怀着一颗愉悦的心继续学习。

需要注意的是，不是每个年级，每个班级，每节课都需要做课中操。如果学生本来就上得很认真，课中操就可以免做。另外，一节课什么时候做，教师也要有一定的预见性，不能等学生吵闹了才想到做课中操。

（二）三猜游戏，巩固知识展才华

低段的语文课堂，一节课学生平均需要认识12至16个生字，为提高识字效率，我把识字融入游戏中，带领学生玩游戏三猜：你说我猜、你指我猜和你做我猜。

你说我猜，把生词呈现在黑板或PPT上，指名让其中一位学生用猜谜语的方式让大家猜。如巩固"兴奋"一词，有学生就会说："我过生日，同学们都来我家玩游戏，吃美食，还送我礼物，我这时的心情是怎么样的？"再由这个出谜语的学生点名回答，直到有人回答对为止，还可以给回答对的学生相应的小组加分。还可以用编故事的方式，如识记"辇"字，可以编这样的故事，两个车夫拉着车从马路上碾压过去。识记"夜不能寐"的"寐"字，可以说房子底下只有一片叶子盖在妹妹的身上，太冷了，睡不着。被点到名字的学生上到黑板前，体验了一回当老师的滋味，还带领着大家把字词熟练记忆了一遍，坐在下面的学生也因为是由同学来组织这样的活动，显得有意思，还因为自己也能够成为小老师而有所期待，注意力就更集中了。

你指我猜，就是负责猜的学生背对黑板站立，指名一位学生上去指黑板上其中一个词语，让猜的学生指认，一边指认一边问，是"开心"吗？下面的学生可跟随回答：错错错，不是"开心"，或者对对对，是"开心"。猜的学生有三次机会，没猜对将由指的学生揭晓答案，无论是对猜的学生还是对其他观看的学生，"开心"这个词通过这种方式已经深深印入脑海。通过你指我猜这样的小游戏，让学生在轻松快乐的氛围中掌握生词，巩固生词。

你做我猜，就是根据动作猜词语，出示学生要认识的词语表，让学生自己轻声朗读，遇到不懂的可以问同桌、问老师，朗读完之后，请一位学生上来根据词语表选择一个词语表演一个动作或者一系列动作，让大家猜猜是什么词。学生可以根据这个动作按照词语表上的词语给出答案，参与回答的学生只有一次机会，以便让更多的学生参与到这个游戏中来，学生在动作猜词的过程中掌握读音，了解字义，一举多得。

看似简单的游戏，除了及时、有效、有趣地巩固了学生该学会的知识，还大大锻炼、发展了学生的组织能力、语言表达能力及想象力。从这样的课堂中走出来的学生，大方、善思考、爱表达。

（三）表情游戏，好行为让大家快乐

表情，表达在面部或姿态上的思想感情。马卡连柯说过："做教师的一定不能没有表情，不善于表情的人不能做教师。"表情是身体语言中最基本的一种。

课堂上或者平时的沟通交流中我喜欢跟学生玩表情游戏，如收到清洁工阿姨给小姚的表扬信：

三（1）班李小姚同学，利用课间时间帮阿姨倒干净厕所洗手台旁边的垃圾，还在放学的时候帮忙把厕所里摆放的盆栽全部浇上了水。阿姨谢谢小姚同学的帮忙，也想通过这封信把小姚做的好事告知班主任，告知大家，小姚是个懂事的孩子。

收到这封表扬信，我带上欢天喜地的表情走进教室，把小姚的故事讲给大家听，把小姚的照片设置成教室屏幕的桌面背景，给小姚送上家委会给班级学生准备的小礼物，课讲到一半可能还会停下来说上一句：今天因为有小姚我觉得好幸福，好开心。还会在全班微信平台表扬小姚，把阿姨给的表扬信展示给爸爸妈妈们阅读，学生跟着我一起心情飞扬，那个给我们带来幸福满满的学生该有多自豪呀。

当然也有不开心的时候，如班级因为乱丢纸屑被扣分了，因为哪位学生忘记戴队徽、忘记剪指甲被扣分了，这时候，我会皱着眉头一声不响走进教室，把这个扣分的消息放到教室的屏幕上，为这块纸片我们沉默3分钟吧，3分钟后接着上课，课讲到精彩处，突然打住严肃地来上一句：要是没有丢那一团纸就好了，要是出门时都检查一下自己的仪容仪表就不会出现扣分现象了。学生会从这些表情里领悟到教师的希望，感受到集体的鼓励与约束，从而养成良好的行为习惯。

在教育、教学活动中，教师恳切的语言、微笑的表情、丰富的情感等，本身就是很好的教育教学资源。在课堂中，学生时刻关注着教师的言行举动，神态表情，对学生良好行为习惯的养成起着潜移默化的熏陶作用。苏联教育家赞科夫指出，教学法一旦触及情绪和意志领域，触及学生的精神需要，这种教学法就能发挥高度有效的作用。教师运用自己丰富的情感体验，使用面部表情、手势、目光，与学生进行交流，学生会通过学习、模仿、体验，入情入境，受到人文性熏陶教育，获得积极的情感体验和人生价值观。

在小学的课堂，你会发现当你用比较感性的方式去跟学生沟通时，学生也会用感性的方式去领悟你的希望、你的期待，从而明白教师，理解教师，配合教师。

（四）户外游戏，自由快乐有收获

除了课堂游戏外，我还给学生玩户外游戏，如上完《风筝》一课，学生说，老师我们也去放风筝吧。好呀，可是我不会做风筝。百度一下，用10分钟的时间分小组就把风筝做好了，走，拖着四不像的风筝来到了操场。这一组拖着风筝边跑边比赛背诵课文，那一组正为风筝飞不起来争论着，再看那一组，风筝有模有样地在空中悠然翱翔得意欢笑。一位老师从身边经过，惊讶地问："你们这么开心在玩什么纸团游戏呀？""哈哈哈，我们在放风筝！"风筝呀！四不像又有何妨？我们开心快乐就好。

还有跳绳、踢毽子、摇呼啦圈、老鹰抓小鸡、丢手绢等，花这么多的时间给学生玩游戏，课不用上啦？课必须上，还得上好，上课前把学习目标陈列出来：①认识12个生字，会写8个生字。②熟练朗读课文，学习作者的表达方法。如果我们能够一节课或一节半课完成这两个目标，我们就出去玩，玩的时间完全看大家的学习进度，大家都用心倾听，知识点掌握了，课堂小测学生都过关了，我们下一节课就玩去，学生那个认真劲呀，谁还敢说话，谁还敢做小动作，谁就成了班级的罪人。

我还会抽空带学生去美术馆、科技馆，开展美食会，别看这些跟考试无关，有时还真需要庄子的"无用之用方为大用"。这些迈出校门的活动，一般都是由家委会组织家长协助制作美食，出行排队，联系场馆，安排讲解的事宜。

尼采说过："游戏——恰恰是充溢着力量的人的理想。"只要你能游戏，你便一定也能学习。只要我们全身心地投入，学习便不再是负担、不再是苦恼，反而会令我们的精神得到满足。将德育用游戏的方式融入学生学习生活中，学生会有让你意想不到的表现。

参考文献

［1］张翠萍.浅谈在小学班主任管理工作中开展家校共育的策略［J］.天
天爱科学（教育前沿），2021（6）：139-140.

［2］李哲丰.沟通艺术在小学班主任管理工作中的应用［J］.家长，2021
（11）：40-41.

班级管理小妙招

深圳·宝安区灵芝小学　贾 取

小档案

　　贾取，北京师范大学教育心理硕士毕业，现为深圳市光明区教育科学研究院心理健康教育教研员，曾为深圳市宝安区灵芝小学专职心理教师、名班主任工作室主持人、灵芝小学1602班蜗牛中队及1403班向日葵中队的班主任，坚信教育中要"承认差异、允许失败、无限热爱"，最想做的是陪伴学生健康快乐地成长，最大的愿景是看着学生慢慢变牛！

　　参与编著全国高等教育自学考试指定教材《心理卫生与心理辅导》及《催眠疗法》《传统游戏的心理学探索》《通心·童心·同心：王小玲名班主任工作室班本课程设计》《亲子陪伴的有效途径》《青少年常见心理问题案例及分析》等书目。主持或参与国家级、省级、市级、区级课题10余项，作为第一作者发表中文论文2篇，合作发表中文论文3篇。曾获第三届广东省中小学心理教师专业能力大赛小学组一等奖及个案辅导方案撰写最佳单项奖，深圳市第三届心理教师专业能力大赛第一名，深圳市宝安区初中教学工作（中考心理辅导）先进个人，广东省中小学优秀德育科研成果设计一等奖，深圳市心理健康教育教坛新秀等荣誉。

从教7年，期间做过心理健康教育教师、主科教师及班主任，从初登讲台时的懵懵懂懂到在心理健康教育、班主任、德育工作、学科教学的多肩挑中磨炼成长，无论在什么岗位，都能坚守"将教育心理学的专业知识渗透于教育教学工作实践当中"的初心，努力在各种工作岗位上找到心理健康教育的实施路径，或是想方设法用心理人的思维去打通各种教书育人工作的联通性，找到彼此之间的关联，借力发力，融会贯通。未来的职业生涯中将继续秉持"学员"的谦逊心态，自我鞭策，潜心钻研，砥砺前行。

小见解

让斯金纳遇上马斯洛

——小议奖励机制在班级管理中的运用

斯金纳（Skinner）与马斯洛（Maslow）都是美国著名心理学家，他们分别因为强化理论和需要层次理论而举世闻名，这两大理论至今仍在教育教学领域发挥着举足轻重的影响力。由斯金纳的强化理论衍生而来的阳性强化奖励机制和代币制，更是我们教育教学一线工作者乐见其效的班级管理良方。斯金纳认为，受到强化的行为会再次发生，因此教师在培养学生良好课堂行为时，需要不断地进行强化。阳性强化与代币奖励法就是在此基础上发展起来的，其核心特点是通过对儿童进行心理激励以强化其正确行为，矫正其不良习惯（见图1）。

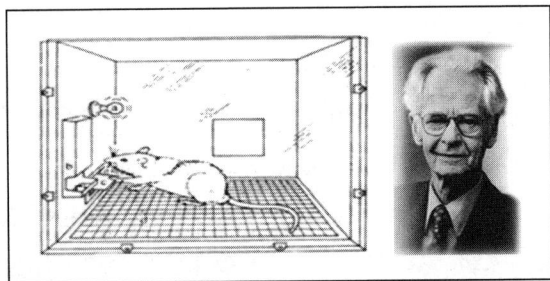

图1

犹记得刚入职时，我本身的角色状态还未从学生时代抽离，仓促之间站上三尺讲台，面对着一群"一言不合就告状求关注"的"小猴子"，我满脸只写着两个字"神烦"。后来幸得前辈指点，班主任送了我一摞乐学币，告诉我可以奖励给表现好的学生，让学生攒着，攒够20币就可以兑换一个小礼物（铅笔、橡皮、尺子之类的卡通小文具）。（见图2）。

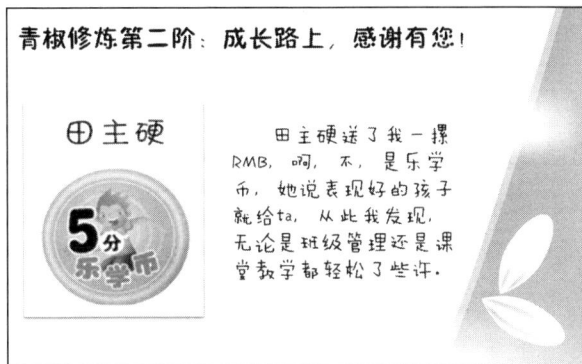

青椒修炼第二阶：成长路上，感谢有您！

田主硬

5分
乐学币

田主硬送了我一摞RMB，啊，不，是乐学币，她说表现好的孩子就给ta，从此我发现，无论是班级管理还是课堂教学都轻松了些许。

图2

每当学生交头接耳讲小话或低头专注切橡皮时，我亮出乐学币，他们立马端正了坐姿，竖起耳朵，极力睁大双眼追随老师的讲解。

行之有效的代币制，一度让我深感教育教学、班级管理并没有当初看起来那么棘手。可是自从带了五年级，却逐渐发现曾经立竿见影的奖励机制似乎在退却魔力，学生们并不像之前那般在意了，几乎都是一副爱给不给的感觉。

困惑之际，某节心理健康活动课上学生的反应给了我答案。那节课里有个环节是价值拍卖小游戏，和家人外出旅游、拥有漂亮的外貌和衣服、吃遍世界各地的美食、拥有一技之长、成为让大家羡慕的人、拥有内心的平静与自由等20个项目，全班同学竞拍，每个同学都拥有5000元，相当于一生的时间和精力。五年级6个班，这个游戏玩下来之后，我发现，每个班的学生都在争抢"拥有内心的平静与自由"，我采访他们的内心想法，无一例外，他们都表示因为太渴望自由了，所以哪怕是倾尽所有也要去换取。我当时以开玩笑的口吻问，自由有那么重要吗？他们急不可耐地回应，当然！我突然就想到了为什么代币奖励机制一到高年级就失效——由原始强化物所引起的厌腻现象。曾经很受他们欢迎的卡通小玩具，拿得多了，也就失去了原有的含金量，奖励效果也随之大打折扣。

该如何修正呢？还是这些学生给了我启发——某次心理课要奖励几个表现特别棒的学生，特许他们10分钟的自由，答曰："老师你说的自由是真的吗？假如我们现在想趁着好天气去操场上跑几圈可以吗？"我当场就答应了："只要你们能够确保自己的安全就可以。"随即，他们在其他同学艳羡的目光中直奔操场去撒欢儿了，听说后来还遇到校长问起，他们无比得意地描述了来龙去脉。

自此，我有了改良代币制的思路，那就是结合马斯洛的需要层次理论，让斯金纳遇上马斯洛，重拾班级管理良方的魔力。具体做法就是，依据马斯洛需要层次理论，进行前期调研，了解学生此阶段最想要的是什么，搞清楚学生的心理需求，再来制定代币制的兑换规则。因为只有给到学生真正想要的、确实感兴趣的，才能激发他的内驱力，唤醒他的内部动机，最终实现教育的效果。

实践录

跟着蜗牛去散步

工作以后，我由被动接受知识传输的学生变身为主动传道授业的教师，现实中面对的是一个班好几十个学生，静待花开，那要等到什么时候？

班上有个小孩名叫超超，但是开学后近半个学期以来，他的表现却称得上是"超乎他人"。有时候我甚至暗自思忖，这就是所谓的心理补偿效应，也太明显了吧。是啊，经过两个多月的教导训练，这批刚入学的一年级"小蜗牛"，已经在上课铃声与课前准备两者之间建立了巴甫洛夫式的条件反射，当然，除了超超。这不，我的一节数学课上，"请把数学书翻到第50页"，话音刚落，已有一大半骄傲的小手举了起来。再等数十秒，扫视整个教室，48双小手自豪地高高举起，目光落到第一排的超超身上，只见他仍在卖力地一页一页翻书，才刚翻到第二十几页。我不耐烦地走过去提醒他："一页一页地翻太慢了，一次翻多点就快了。"他惊得整个身子一颤，小手随之就把书翻到了八十几页，然后还要继续往后翻。同桌忍不住叫道："翻过了，都八十几页了，不能再往后翻了。"只见他又倒回去从第1页开始，一页一页地翻……正要崩溃的我，猛然发现超超的额头上汗水直流，我默默地折回讲台，眼睛的余光发现他最终还是一页一页地翻到了第50页。

课后，我一直在回想这件事，顿觉心生愧疚。于我本身而言，向来强调高效快速。但作为一名教师，我是否在不知不觉中成为"牵着蜗牛散步"的那个人，以"行动速度""高效率"来要求班里些许"小蜗牛"，常常摆出一副"恨铁不成钢"的架势，催促着他们去采那些对他们来说实在是太高了的"果子"？

对超超而言，他之前就读的是公立幼儿园，格外强调"去小学化"，所以他没有接受过任何课堂上的规则教育。他的父母也是"幼儿园去小学化"的绝对拥护者，他甚至可能都没有接触过20以上的数字，所以50、80对他而言可能只是两个抽象的符号，谁大谁小的概念他可能听都没听过……想到这背后的种种可能性，我觉得超超课堂上的表现都是可以理解的，我不免为自己当时的焦躁而满怀愧疚。尤其是当我与超超私下沟通之后，这份愧疚之心逐渐发酵。他低埋着头，怯懦地告诉我"只会从1数到20，再多的就不会数了"。是啊，世界上没有两片完全相同的叶子，学生也是这样，他们的认知模式、智力水平、兴趣爱好等各有所异。我们又岂能理所当然地认为，既然大部分人都能做到，那你也应该是可以立即做到的。教育不是机器，我们不能也不可以像模具厂的流水线那样批量生产，把五十几个学生生产成一个模样。如果我们一定要心急火燎地揠苗助长，千篇一律地一刀切，那势必会出现受伤的"小蜗牛"。

"时不待我、只争朝夕"的魔性竞争、脚步匆匆的生活节奏、功名利禄的喧嚣……如果说这些都是时代发展与社会进步的必然趋势，那么在校园这一方最后的净土里，我们何不放慢脚步，跟着蜗牛去散步，珍视生活中的小情小趣，让灵魂充盈，让生命被享受，而不是急急忙忙地去完成。慢下来，我们才不会错过一路的好风景。

一个女班主任的父式班级管理

无论是魏书生、李镇西等教育名家提倡的"培养学生的自育能力"，还是21世纪初陕师大学者提出的"班级管理中的留白艺术"，抑或是我校知名教师王琪的"班级管理中的留白与写意"，无不在提醒我们：教育一定要给孩子以充分的自主空间，让孩子拥有自己做判断、自己做决定、自己去尝试和体验的机会。因为本人的性格原因，虽是女儿身，但在班级管理工作中却常常以男性的角色代入，并还自我粉饰为"父式管理"，其核心宗旨依然是"留白与自主管理"。

蜗牛班是我首次从头开始带的一个班，都说孩子就像一张白纸，你在上面随意画点什么都有可能变成现实，那么这群小蜗牛就像是我案头的一摞白宣纸，是像妈妈那样时时刻刻高度紧张全程不放手地带着他们布满画卷？还是像父亲那样松手让他们肆意放飞自我，只在必要时提点一二？谁都无法断言哪种方式更好，毕竟每个孩子都是独一无二的生命存在，适用于他的教育理念，到了你那或许就会水土不服了。然而作为班主任，在整个班集体的管理上又必须要有一个既能适合整体的班级氛围，又能契合教师本人行事风格的、主线明显的教育方针。因此，综合考量，多方权衡，我在蜗牛班实行的是"父式班级管理"，具体说来，有如下两个方面（见图3）。

图3

（一）远师不如近己

俗语云"远亲不如近邻"，讲的是当有急事需要帮助时，与其跋山涉水地去找远方的亲戚来帮忙，还不如找附近的邻居来解燃眉之急。蜗牛班的教室在一楼，而我的办公室在遥远的四楼，刚开始遥远的空间距离着实给我的班级管理工作添了不少麻烦，每天四层楼十几个来回的奔波也让我体力耗尽、疲惫不堪。于是，我就开始筹谋"父式管理机制"，首先委任几个"小机灵鬼"来分担我的管理职责，如在任课老师到来之前，课前静息的管理员要根据课表，提醒同学做好相应的课前准备；眼操时如果等老师从楼上高年级的教室匆匆赶过来就为时已晚，所以眼操管理员会主动替代老师的监督之责；运动细胞先天不足、至今踏步时分不清左右脚的我，在带领早操时也同样拜托了小管理员来替代我，所以经常看到的一幕是"早操管理员在最前面带队，我是跟在后面的"……长此以往，小蜗牛们似乎也发现了"既然班主任是靠不住的，那就只能靠自己了"。于是乎，当早读时部分学生到校太早，领读员就会带着同学自发地开始早读；当有同学突然身体不适时，同伴会安排人先护送她/他去校医室，同时另派同学去四楼找我报告；当教室的文化展墙有破损剥落时，会有学生默默地找工具修补好；当学校赠送的新书到货时，会有学生在我到达教室之前就已经分发下去给大家传阅了……自此，"远师不如近己"的父式管理机制就在蜗牛班顺理成章地建立起来了，作为受益者的小蜗牛们和我，都默契地觉得这种模式挺好的，可以坚持下去（见图4）。

图4

（二）奖品离不得，自由更重要

初任班头儿之时，名师Lily姐及田妈妈就提醒我，对于低龄段的小学生，棒棒糖教育(给学生一些小奖品)是最简便易行、效果又最显著的。实践发现,确实如此,每当在课堂纪律几近失控时,亮出一个小奖品,巡视全班说道:"我看看,坐姿端正、最安静的同学在哪里?"不出三秒,全场立刻鸦雀无声,学生个个都挺直了腰板儿。可是,这种物质化的奖励机制在一定的时间、地点场合下是非常奏效的,但是并不会一直行之有效。正当我为此效果的延续性发愁时,资深前辈熊姐姐又提醒我:"奖励自由",其背后的心理学依据在教育心理学专家刘儒德的著作中也是有迹可循的(详可参见学生内驱力的激发)。

于是,我重新制定了蜗牛班的奖励机制,尤其是增加了"一天攒够15个小红花贴纸,就可以兑换15分钟的自由时间,这15分钟可以分散,比如数学课堂练习时你可以支配5分钟出来做自己想做的事、大课间辅导时你可以拥有10分钟的自由活动时间……"物质奖励与精神奖励相结合,"奖品离不得、自由更重要"的新型奖励机制实行一段时间之后,效果显著,最外显可观的表现就是课堂上开小差的情况明显少了很多,课堂效率随之提高,因为小蜗牛们都知道,课堂上恪守纪律,可以换得15分钟的自由时间。"我"那控制不住的小手总试图切切橡皮、转转铅笔,无处安放的小眼睛总想瞟瞟窗外发生了什么,然而,"我"还是控制一下,坚持过这节课,等到赢得了15分钟自由时间,"我"再去肆无忌惮地放飞自我吧(见图5)。

图5

此处安利两篇参考文献《没想到除了小红花，老师奖励孩子的办法竟有26种》《班级管理中的留白艺术》。

"一课二强三倾听"的课前准备

美国实证主义心理学家桑代克的联结学说，揭示了三条主要的学习定律：准备律、练习律和效果律。其中准备律是指在进入某种学习活动之前，如果学习者做好了与相应的学习活动相关的预备性反应（包括生理和心理的），学习者就能比较自如地掌握学习的内容。由此可见，课前准备的两分钟不容小觑。那如何充分挖掘这两分钟的价值，引导学生以最佳的生理和心理准备状态进入课堂学习呢？经过两年多的摸索，我将平时的做法总结成了如下"一课二强三倾听"的课前准备。

（一）"因课置异"的课前准备

根据不同学科，设置不同的课前准备内容，但是万变不离其宗，都围绕一个宗旨："服务好学生，帮助学生做好心理铺垫，便于学生以最佳的精神、心理、情感状态进入课堂"。例如，语文课的课前准备是边静息边听古诗词唱读音频。之所以选择"唱读版本的而不是背诵版本的古诗词"，是因为其一，兴趣是最好的老师，将古典诗词谱成朗朗上口的歌词，将中规中矩的朗读转化成新颖别致的童谣，更容易激发学生的探索欲望和学习兴趣；其二，心理学的压力"倒U"曲线告诉我们，压力太大则树弯桥垮，与其要求学生"这些古诗词是必须背会的"，让学生处于高强度的压力之下，倒不如让学生利用课前准备的零散时间，在潜移默化之中就将这些古诗词烙上深刻的印记；其三，回归到我们为什么要学古诗词，引用《中国诗词大会》里的一段话："因为我们或许记不住早年经历的某些事物，但是在你的生命中，总有很多时刻，你偏偏就会念起小时候读过的那句古诗，那种感觉是穿越千年的心意相通，正如人生一样，草蛇灰线，伏行千里。让孩子背诗，便是将这个世界所有美好与不美好，悄悄种在他心中。于是任风起云涌，他自宠辱不惊，这是诗的力量。"再如，数学课的课前准备是重在衔接，与接下来要学习的数学内容挂钩。根据当堂数学课的知识点，通过数学儿歌、数学家的故事、数学要闻、数学符号的来历、有关数学的传说等多种形式和途径，既能充分利用课前准备的两分钟碎片时间让学生以最好的心理准备状态和认知状态进入课堂，又能春风化雨式地在日积月累中培养学生的数学素养、拓展学生的知识储备。

（二）"强迫症"的课前准备

心理学研究表明，小学生尤其是低年级学生无意注意占主体地位，注意的持久性很短，且容易受外界干扰。我们在实际中也发现，低龄段的学生很容易被各种花式小玩意儿诱惑，在学习的过程中很容易注意力不集中，做小动作。因此，课前准备时不妨让我们的学生有点轻微的"整理强迫症"——选用最朴素的文具，与课堂相应的书本，统一放置在课桌左上角，其他不相关的物品，一律有序地摆放在桌肚或书包里。每次使用完后要物归原处，便于下一次方便取用。相较于"乱中有序"的借口，我更愿意培养学生一点点轻微的"整理强迫症"。

（三）"以听为准"的课前准备

无论是语文、数学等课前的相关音频，还是体育活动课之后的轻音乐，所有的课前准备都要以听为准。或许有人会质疑这样是否有悖我们遵循的"学生中心"原则，要鼓励学生多说多表达，当然不！因为倾听是我们吸收新知、接收外界信息的首要途径。我们只有先学会听，用心倾听，才可能将他人的知识经验内化至髓，感悟至己。况且，造物主赋予人类一张嘴、两只耳朵，也就是让我们多听少说。培养学生的倾听习惯，就从课前准备的两分钟开始！

将"懒先生"进行到底

——"懒先生"与"勤学生"的博弈和成长

深圳·宝安区天骄小学　陈瑞霞

小档案

　　陈瑞霞，深圳市宝安区天骄小学班主任和语文教师，深圳市王小玲名班主任工作室成员。教育教学中遵循"爱与尊重是教育"的出发点和"我的班级我做主"的教育教学理念。她从教13年，担任班主任11年。在教学中注重从兴趣入手，尝试融入文化元素，着重培养孩子的阅读思维能力。作为班主任，她遵循孩子的个性成长规律，在行为习惯上严格要求，在精神层面上以鼓励为主，深得所带班级的家长信任和学生喜爱。她曾两次参加"全国发展与创新教育"说课比赛并获得一等奖，多次获"优秀教师"等荣誉称号。为了提升专业能力，通过培训学习依次取得心理健康C证、B证和A证。所带班级班风、学风优良，多次被评为学校的明星班级。

小见解

当代中国学生发展核心素养共分为文化基础、自主发展、社会参与三个方面，综合表现为人文底蕴、科学精神、学会学习、健康生活、责任担当、实践创新六大素养。综合起来看，新时期学生的培养目标更加注重独立自主性。从做班主任起，我就特别欣赏"我的班级我做主"这一理念，致力于成为一名"懒先生"，让所有学生做自己班级的主人，尽可能地让班级的学生树立主人翁意识，参与到更多的班级事务中。

俗话说："世界要发展，全靠一个懒！"懒得洗衣服，有了洗衣机；懒得经常买菜，有了冰箱；懒得走路，有了自行车、汽车。所以，作为一名班主任，"懒"一点儿，学生的潜力才可能被最大限度地激发出来，他们心中那隐形的"小我"也就一点一点地逐渐弱化，使他们变得有责任心、同理心，变得自律，做事更加游刃有余，逐渐成长为阳光自信能干的小学生。

"路曼曼其修远兮，吾将上下而求索。"说起来，"懒先生"并不是所有事都不去做，真的上演"葛优躺"。相反，为了做一个合格的"懒先生"，我可是绞尽脑汁，想过不少办法。

实践录

（一）"懒先生"勤"洗脑"，唤醒独立意识

第一次见面，无论是新接班还是中途接班，我都会告诉学生："在我面前的你是一张白纸，要画成什么样，你自己说了算。"孩子们每次听到这句话都眼睛一亮，是的，每个人都希望自己在他人心目中的印象能更好一些。打好这漂亮的第一仗后，我会在尽可能短的时间内，用各种各样的方式开始"洗脑"。

1.精心准备班会，"广撒网"

《我长大了》让"独立宣言"深入学生心中，让他们明白长大意味着自由与责任并存；《我的事情我做主》带领学生学会制订成长计划，引导学生分别做近期计划和长远计划；《做时间的主人》教会学生做时间的管理者，科学合理地支配时间；《个人形象管理》打造"面子工程"，让学生打开思维，做好

"学生形象""家庭形象""小组形象"和"班级形象"的建立与维护工作等;《我的班级我做主》教会学生如何制定班规,为班级分忧……

2.常规课堂渗透,"润物细无声"

频繁地说教会引起学生的厌烦,课堂教学中,要不着痕迹地渗透"真理",让教育更轻松自然。

比如,有段时间班里学生小冲突不断,出了问题大家只会相互指责推诿,班级的风气日益浮躁。刚好语文课讲到《将相和》,于是就有了下面的对话。

师:"廉颇有多厉害呢?在战国后期,秦国一家独大,想修理谁,找个借口就开战,而且几乎是百战百胜,但只有一个国家是例外的,那就是赵国。大家说为什么弱小的赵国却让秦国奈何不了呢?"

生:"因为赵国有廉颇。"

师:"是的,大将廉颇多次以少胜多,以弱敌强,是历史上战功赫赫的大将军,连赵王都敬他三分。然而在这样的情况下,蔺相如却因为立了两次功就爬到他头上去了,你说廉颇气不气?于是他放了狠话,请大家读课文——"

(生读课文中廉颇和蔺相如的话)

师:"听了蔺相如的一番话,廉颇就去'负荆请罪'了。同学们想一想,一代大将廉颇,在战场上奋勇杀敌时眼睛都不眨一下,却甘愿光着膀子背上长满了尖刺的荆条去跟蔺相如道歉,仅仅因为他说了一句骄傲自大的话,你体会到了什么?"

生:"老师,我觉得廉颇是一个知错就改的人。"

师:"是呀,廉颇的骁勇善战让我们敬畏,而知错就改则让我们更加尊敬他。所以,廉颇终成一代名将,流传千古。现在,你还在意廉颇犯过的小错吗?"

生:"不在意,我反而觉得他的形象更高大了。"

师:"是呀,知错就改,善莫大焉。每个人都会犯错,这个错误在你成长的过程中真的不算什么,但却可能给别人造成了困扰,一个真正厉害的人是不怕犯错的,因为他有知错能改的勇气,更懂得改错就是成长的智慧。"

我没有再多说什么,但是从此之后,敢于承认错误逐渐成了班级的新风气。

（二）"懒先生"的尊重信任，激发"成为更好"的渴望

1. 看着孩子的眼睛，运用陈述式或循循善诱式，尽量不用命令的语气

一般我会选择坐下来，看着孩子的眼睛说话。这样，一方面我可以了解到学生的真实反应，另一方面也能让学生感觉到自己被重视、被尊重。作为一名班主任，想完全做到心平气和估计有点难，一般没有5年的班主任工作经验的积累估计不太可能办得到。这不，那天又遇到了一件让人头疼的小事。

班里有一个调皮的男生，老是喜欢用手掐其他同学的胳膊，已经有七八个学生跟我反映过这个问题了。这件事听起来似乎是孩子们之间的嬉戏，这个男生是在跟其他同学闹着玩，实则是一件令班主任头疼的事。因为一旦听之任之，他就会有恃无恐，不断招惹更多的同学，引起大部分同学的反感。于是，我把这个男生叫到我的面前，同时喊了另外一个被他掐过的男生，让两个人并排站在一起。我让那个被掐的男生连着掐这个调皮男生的胳膊三下。顿时，这个调皮的男生咧着嘴露出了疼痛的表情，引得我和另外一个男生都笑了。然后，我趁机直视他的眼睛，并以真挚又充满关切的语气问他："疼不疼？"他看着我说："很疼。"我说："那就对了。说实话，刚才我看着都觉得疼。既然自己觉得疼，那说明你掐其他同学的时候他们也会很疼。老师相信你只是想跟他们开个玩笑，引起他们的注意。但不能以伤害别人的身体为代价，那样只会让同学讨厌你并远离你。你也不希望这样，对吗？"他冲我点点头。然后，我走上去，揉了揉他刚被掐过的胳膊，然后告诉他："刚才只是让你体会一下被掐的感受，老师还是要跟你说抱歉。你是一个聪明的孩子，老师知道你再也不会干这种傻事了！"就这样，我自始至终没有用命令或极为严厉的语气跟这位调皮的男生讲话，而是用一种恩威并济、温和的方式加上直视该生的眼睛与之对话。自那以后，该生再也没有类似行为出现。

2. 竞选班干部，协商班规

我提前一个星期发布消息，告诉学生班级要以民主的方式竞选班干部，并详细列出班干部组织中的职位名称与职责范围，同时提出协商班规的要求。这样便于学生自主选定所要竞选的职位，并提前准备竞选演讲稿。

竞选班干部、协商班规的目的有两个：其一，通过民主竞选班干部，成立班委，可以进一步增强学生的责任意识，让他们知道如何才能当一名优秀的班干部；其二，通过自主与协商并存的方式制定班规，培养学生自觉自律的态度

与行为，让他们知道想成为一名综合素养较高的学生该如何做。具体分为以下几个环节：第一，每宣布一个职务，就由学生上台展开竞选演讲。演讲完毕，全体同学投票选举。唱票与检票都由学生自主完成，最终公布该职务担任人，以此类推。第二，所有职务都选出担任人之后，让学生逐一发表当选感言。这个环节可以体现学生的责任担当与管理能力。第三，由新的班委带领全班同学以自主与协商的方式制定班规。具体细节：班主任宣读《小学生日常行为规范》，班委成员分头做重要笔记；班委成员每人自主挑选两名左右自认为比较典型的学生代表，让他们谈谈自己过去做得好与不好的地方，班委对这些事情是如何处理的；分小组协商班规逐条内容，每个小组最少有一名班委成员；将班规汇总，由班委成员集中讨论并总结出具体的班规条例，并在班级中宣读；全班进入自由发言环节，提出班规中不合理的地方，班委做笔记；将记录的自由发言内容宣读一遍，班主任做最后定夺，决定取舍。最终审核并完善班规，班规正式启用。

总之，将竞选班干部、协商班规这两件大事全程放心地交给学生，而我作为班主任只需要做一名"懒先生"，用欣赏的眼光看着我的一群"勤学生"自主、忙碌以及充满班级责任感地去办好这两件大事，真是倍感欣慰。在这个过程中，我只做一个引导者、旁观者，而学生才是主体，在尊重与欣赏的氛围里顺利完成两项工作。

3."懒先生"的期待是最好的兴奋剂

无论是当班级里的学生犯错误时，我看着孩子的眼睛，用陈述式或循循善诱式，尽量不用命令的语气跟他们对谈；还是在竞选班干部、协商班规时，充分发挥学生的主观能动性方面，我的目的只有一个，那就是期待学生在这种"懒先生"的模式下，能收获一些令人兴奋的成果。因为它能体现"懒先生"的良苦用心，见证一系列做法的得偿所愿，它是"懒先生"期待的最好的兴奋剂。事实上，以上两种做法真的让我收获满满。首先，班级里犯错误的孩子逐步减少，而且同一个孩子几乎很少重复性地犯同样的错误，这显然是我充分尊重孩子，规避用命令的口吻跟他们谈话的结果。其次，班干部是学生以民主的方式公开选出来的，没有丝毫班主任干预的因素，尤其是班规更是以民主集中的方式定下来的，因此，学生在服从班干部管理以及遵循班规方面，配合度、自觉性以及自律性得以凸显。

（三）"懒先生"巧建桥梁，打通成长的"任督二脉"

桥梁一：师生之间的亲密和信任

建立师生之间亲密和信任的关系是一个持续而又系统的工程，不是一蹴而就的。它需要从几个方面入手。

首先是"真实"。这里所说的"真实"指的是教师在学生面前要真诚、坦荡，不装深沉、不端架子。虽然我的身份是一名教育者，但不可以戴着教育者的"面具"。相反，我可以自然地在学生面前表现出自己的本色，比如童心。我可以真性情地跟学生聊聊自己工作上的苦恼，也可以在课余时间跟学生一起玩一些游戏，甚至玩输了我也偶尔要耍赖。当然，这一切都是自然的而不是"做"出来的。苏霍姆林斯基说过，一个优秀的教师需要"时刻都不忘记自己也曾是个孩子"。没有人是完美的，但不完美却很真实的老师是最容易被学生接受的。

其次是"平等"。高高在上的老师，很难走进学生的内心。平等不是一种姿态，而是从心理上把学生视为与自己人格平等的人。这种平等也不仅仅是一种观念，它完全可以体现在与学生相处时情感上的"一视同仁"，不把学生分为三六九等；同时，在行为规范上自己也与学生"一视同仁"，比如与学生遵守同一规则，违反规则同样按规则处理。我曾经因拖堂而被"班规"处罚，学生并不觉得我有多么"高尚"，而是习以为常。这才是真正的平等。

再次是"尊重"。爱是不能勉强的，对于刚刚接手的班级学生，他们暂时对你爱不起来，这很正常，但你必须尊重他们。爱是内在的情感，尊重是外在的行为。所谓"尊重"，通俗地说，就是尽可能维护孩子的尊严。从学生的角度说，就是让他们感到自己在别人眼里很重要，尤其是被老师重视。我曾担任"问题学生"云集的班级的班主任，接触了几个被原来学校开除的男生，经过我的管理，喜欢上了这个班集体。有一次，我问他们："喜欢这个班级的理由是什么？"他们都有类似的回答，即他们认为自己在这个班集体中有存在感，能受到老师的尊重以及平等对待。让每个学生在班级里都拥有存在感，这就是对学生的尊重。

最后是"互助"。教育不是单方面的教师对学生的引领和培养，也是学生对教师的影响和感染。教书几十年来，我真的从学生身上学到了许多东西。比如我做不到完全守时，但在学生的帮助下渐渐克服了。陶行知说："我们最注重师生接近，人格要互相感化，习惯要互相锻炼。人只晓得先生感化学生锻炼学生，而不知学生彼此感化锻炼和感化锻炼先生力量之大。"师生互相帮助、共同进步是民主师生关系的特征。

以上种种，说得通俗点就是只要师生之间形成了亲密而充分信任的关系，嬉笑怒骂皆成教育。

桥梁二：家校之间的信任和支持

目前，我们的教育倡导的是家校共育模式，这就需要构建家校之间的信任和支持的桥梁，才能促进该模式发挥最大限度的实效性。要呈现这种效果，需要借助信息技术的应用，它能为构建家校共育共同体提供强大的后盾。学校除了让班主任参与到精细化管理当中之外，还有一个不容忽视的外部力量就是广大学生的家长。学校精细化管理的最大特性是管理必须严丝合缝、事无巨细，这就需要发挥内外力量，而学校最强有力的外部力量就来自学生家长。可以通过两个途径来实现家校之间的信任和支持。

首先，通过网络平台实现学生信息的互联互通。在信息技术的支持下，家校双方早已突破传统的家校沟通环节不平等现象，信息不对称问题也随之得以解决，呈现平等性特质。信息技术的发达，为家校共育模式的实施提供了平台，为家校互联互通提供了便捷。各个终端处于智能化状态，大家都可以在网络世界展开互动交流，依托家校共育网络平台学生家长能随时并快捷地获取学生的信息。除此之外，学生家长还能额外了解并掌握关于学生教育的相关知识，采用云端网络教学系统在家里积极参与到教育活动当中来。这无疑是因为互联网技术为家校共育所呈现出的平等性特质。比如，学生家长想全面了解孩子在学校的基本情况，就可以借助网络平台去获取学生信息，在此期间还能了解学校的教育理念与教育行为的合理性，从而化解疑虑与担忧。总之，在互联网技术的支持下，家校共育的信任度与认可度大幅度提升，让教师与学生家长加深了对彼此的了解并建立了和谐的关系。

其次，提升家长和教师的素质。为了便于在信息技术环境下顺利实施家校共育，必须提升教师与家长的综合素质。学校需要从教师入手，组织教师进行一些系统的专业培训，比如系统学习网络新媒体技术，教会教师基本操作技能，即如何配音、如何进行视频下载、剪辑以及加工制作等，熟练运用多媒体设备向学生呈现以图文、视频等方式传递的教育内容，集中学生的注意力，激发学习欲望。只有教师提升了信息技术素养，才能引导学生家长参与到家校共育的体系之中。同时，在家校共育模式下，需要教师对学生家长进行一些网络新媒体技术的指导，因为学生家长的学历层次不同，他们之间存在差异，尤其要对学历层次不高的学生家长加强关注，教师要对他们多一些耐心。总体而言，就是在信息技术环境下顺利实施家校共育，需要家长与教师素质的双向提升。

基于以上两点，形成了家校之间的信任和支持，家校共育模式实施起来就会更顺畅，让实效性得以凸显。

桥梁三：生生之间的友好和团结

生生之间的友好和团结需要班主任逐步引导。班级中的学生能做到团结同学、与人真诚交往是他们作为学生的优良品质和健康心理素质的具体表现。未来社会对人才的需求是对其多方面综合素质的考量，与人合作的意识尤为重要，这种合作意识产生于平日与同学之间的团结和友好交往中。

班主任可以通过一些活动来促使生生之间的友好和团结，比如课堂上让生生之间开展小组合作学习活动，又如展开少先队活动中的手拉手结对子活动，这些都有利于团结、友好协作素质的提升。团结友爱与互相协作，不仅是人类生存和发展的条件，也是现代社会发展对人类的要求。随着科学技术的高速发展，仅靠一个人"闭门造车"式的创造已不适用，这就更加需要我们的学生学会与他人合作、共处。一次游戏、一次中队活动、一次打扫卫生，离不开你、我、他的共同协作。协作得好，完成的效果与效率就会双倍提升。实际上，让学生从小养成与人合作的意识和习惯，将来才能成为善于团结别人、善于理解别人、善于交往与合作的人才，所以一定要构建生生之间友好和团结的氛围。

桥梁四：学生因兴趣更努力，因努力逐渐提升能力

我阅读过陈洪杰老师的《学习可能是苦的，但更应该是甜的》。在这篇文章中，陈老师很明确地表明了自己的观点：反对"学习肯定是苦的"这个观点。认为虽然"学习可能是苦的"，但是"苦"来源于大人的期望，来源于一些过度、超前的学习，枯燥无味、单一的学习方式……让孩子们没有充足的睡眠、没有充分地玩耍、没有丰富体验的瞎忙，焉能不苦？是的，孩子们刚开始接触学习，更多的是对学习的浓浓兴趣，更多的是对学习世界的探索和追求。

除了担任班主任之外，我还是一名语文学科教师，我认为激发学生对于语文学习的兴趣比传授语文知识更重要。在实际的教学中，我应该时刻明确教师的定位：不仅是教语文知识，还承担着育人的责任。教师要学会超越"学科"，看到学生在生活中的真实状态，真正地做到"以生为本"，切实有效地发挥学生的积极能动性，更多地激发学生们对语文学习的浓厚兴趣，促使学生更努力地提升能力。

我应该尽全力将语文知识和生活实际联系起来，让学生不仅学会书本上的知识，更多的是在生活中学习语文。让学生学会做生活中的有心人，发现生活中的美妙之处。同时，教师要学会尊重学生的意愿，通过言传身教，敢于让学生去亲身尝试和体验。

求知是乐趣，陪伴是专业，宽容是智慧，接纳是勇气。教师需要引领学生用快乐的心情走更远的路。只有学生对语文学习有了兴趣，才能促进学生更加努力地学习语文；只有如此，学生才会发现语文学习的奥秘和乐趣，才会对语文学习产生浓厚的兴趣。无论做什么、学什么，只有兴趣才会滋生努力的欲望；只有努力，才能提升自身能力完成好每件事情。兴趣和努力两者是息息相关的，注重鼓励每一个正在努力的学生，激发每一个学生的潜能，呵护好每一个兴趣的小幼苗，定会有出乎意料的收获。

我是一名班主任，我是"超人"

深圳·宝安区清平实验学校　陈晓漫

小档案

陈晓漫，深圳市宝安区清平实验学校教师，深圳市"优秀少年队辅导员"，获宝安区"我最喜爱的班主任""第一批骨干教师"称号，主持区课题"社会主义核心价值观视角下小学班主任家庭教育指导策略研究与实践"，发表论文《小学一年级班主任如何培养学生情绪调节能力》。

小见解

我是一名班主任，我是"超人"

我是一名班主任，我是"超人"，是为班级操碎了心的人，小到班级的一片纸屑，大到学生的身心健康都是班主任的职责。从接班开始，班主任就开始了又当老师又当妈的生活，每天被各种烦琐的事情萦绕。"老师，我肚子疼。""老师，我的东西不见了。""老师，今天我闹钟坏了，起晚了。""陈老师，你们班有人打架了。""陈老师，你们班被扣分了。""陈老师，你们班的表格还没交。""陈老师，我的小孩说坐在后面看不清黑板，麻烦您帮忙调一下座位。""陈老师，请转告小林，让他放学后在学校等我，我大概6点去接他。"……毫无疑问，班主任的责任是重大的，工作是烦琐的，压力也是巨大的。

图1

尤其是当我们中途接班时，那种感觉就像是成了学生的"后妈"，太温柔了会被欺负，太凶了又无法走进学生的心（见图1）。还记得我曾接任的一个个性张扬的班级，在我任职之前，这个班的前几任班主任都曾被学生气哭、气炸，我知道一个普通的班主任是很难降住他们的，于是我开始修炼超能力：①点亮学生：以"眼中有光，心中有爱"为班级奋斗目标，引导学生做一个懂得欣赏他人，对生活充满希望，爱班级、爱校、爱家、爱国的学生；②制定班规、净化班级环境：收缴各种零食、饮料、扑克牌以及玩具等干扰学习的物品；③以活动促进班级团结：动员家长和学生积极参与社会实践活动，把参与人员从30多人增加到全班共54人，并邀请摄影师跟随班级拍摄活动照片，记录学生参与集体活动的美好时光；④将常规管理小组化：培养团队合作和自主管理意识；⑤用仪式进行德育：国庆节开展"我们都在看阅兵仪式"活动，农历新年在微信群进行云拜年，母亲节和父亲节分别与父母拍张合照，儿童节设计节日愿望墙等。

过程的艰辛，我想每个班主任都深有体会，在学生的毕业感言中，我听到了很多感谢的心声，其中一个学生写道："感谢有您，感谢您没有放弃我们，感谢您让我重新爱上这个班。"当时感觉自己获得了拯救地球般的幸福。

我想班主任的超能力还有很多，所以班主任们，在烦琐的工作面前，善用我们的超能力，这样我们就能少一点操心，多一点幸福（见图2）。

图2

班主任是教育教学工作的灵魂，是学校德育工作的核心力量。作为班主任，我们任重而道远。我们要不断充实自己、丰富自己，成为"超人"，才能更好地引领他人。

实践录

超能力一：以评比促养成

小学一年级的工作重点就是"养成教育"，要求学生树立严格的集体观念和时间观念，遵守学校纪律。刚入学的孩子年龄小，刚懂得了道理，如果不反复地训练，他们不一定能做到。因此从开学第一天起，我便在家长见面会上与家长沟通了一年级的"常规教育"，请家长根据要求配合班级工作，为学生的"养成教育"营造良好的环境。学生刚入学需要一定的时间适应新环境，学生的习惯意识需要不断强化，行为需要反复训练。我在班级开展了以评比促养成的教育活动，每月一个主题，联合家长一起规范孩子的行为。

1."阅读之星"

9月是刚入学的第一个月，学生的倾听意识还未形成，除了必要的常规教育，我还着重培养他们的阅读习惯。开学第一周，我在班级开展"图书分享"活动，倡议学生把家里的绘本带来学校分享，这一活动既给学生提供了分享的机会，也为我从侧面了解学生的家庭教育情况提供了平台。分享绘本较丰富的家庭，其家长的教育意识较强，从小就朗读绘本的学生，其倾听意识和语言表达能力也相对较强。有的家长不知道什么叫"绘本"，这类家长往往不太重视学前教育，或没有进行科学的学前教育，学生在幼小衔接时适应能力也相对较弱，需要我多加关注。学校在7：50—8：00进行晨读，晨读时我仔细观察学生的阅读习惯，与东张西望、无法专注的学生进行谈话，并电话联系家长提醒家长关注学生的阅读习惯培养。结合"图书分享"和"晨读"对学生的表现进行评比，每天评比出一名"阅读之星"。通过这个活动，学生学会了分享，也感受到了分享的喜悦，班级绘本的数目丰富了，学生到了学校后也会主动阅读，看到有趣的绘本内容时会忍不住发出咯咯的笑声，爱阅读的种子就这样慢慢地在孩子心中生根发芽。

2."礼貌天使"

10月，学生已初步适应了校园生活，他们能听懂老师的指令，并能有序地排队、上课、吃午餐和午休等。在清平乐园，问好就像是朝阳一样成为开启美好一天的必修课。走进校门，处处都是和谐温馨的问好场景，老师和老师互相问好，老师和学生互相问好，同学之间也互相问好。这有赖于全校老师的以身作则，更需要班主任教师的正面引导。对于一年级的学生，他们见到熟悉的老师会主动问好，但碰到不熟悉的老师就不会问好，与其唠唠叨叨强调问好的重要性，还不如展开一场关于"礼貌"的小竞赛。刚开始我会告诉他们记录一下自己今天跟多少个人问好了，让孩子自己数一数，包括起床跟家人问好、路上跟邻居问好、进校园跟老师和同学问好等，问好数量最多的就是当天的"礼貌天使"。当孩子的问好意识提高之后，我再慢慢进行问好礼仪的熏陶，如问好时要面带微笑、目视对方，声音要清晰明亮，可以招手、点头或鞠躬等。我还通过询问科任老师，了解班级哪位同学最有礼貌，再将询问结果通过颁奖的形式公布，学生都很期待今天是哪位同学受到老师的表扬，最后我在班级进行投票，看看在同学的心中谁是"礼貌天使"。就这样，通过自评、互评、师评等多种评选方式，让班级开满礼仪之花。

3."爱眼天使"

眼睛是心灵的窗户，眼睛的健康关乎学生的未来。在信息时代，全国中小学生的近视率逐年提高，"爱眼体操"作为重要的教学内容，在一年级规范开展爱护眼睛活动是每个班主任义不容辞的事。11月，学生已初步学会眼保健操的基本动作，但部分动作做不到位，没有达到良好的效果，于是我在班级开展"爱眼天使"评比活动，每天利用课间抽取5名学生进行现场评比，评出每日"爱眼天使"，对表现优秀的进行表扬，对动作不过关的进行指导并联系家长，让家长监督孩子加强练习。通过现场评比，进一步规范了学生眼保健操的动作要领，促进学生爱眼意识的提高。

4."整洁之星"

学生丢三落四是老师和家长最头疼的事。丢三落四有多方面的原因，如学生独立性差、依赖性强，没有规划和检查意识，自我管控意识弱等。在清平乐园，我们每节课下课都会听到温馨提示：请同学们摆齐桌椅，捡拾杂物。我们发现物品整洁的学生思路也清晰，知道自己该做什么、怎么做；而抽屉或书包凌乱的孩子经常犯丢三落四的毛病。为了提高学生的物品管理能力，12月我在班级开展了"整洁之星"评比活动，评比要求：物品整齐，地面洁净。一开始，听到指令，学生会行动起来，但他们不会检查，不知道自己哪方面还不够整洁，如桌椅没有对齐线、书本摆放位置不对、地上有残留纸屑等。经过一个月的评比，学生养成了及时收拾的好习惯，还学会了检查的标准，懂得互相监督、互相提醒。

5."学习之星"

1月是本学期的最后一个月，也是临近期末考试的复习阶段。有些学生问我一些可爱的问题："老师什么是期末？""什么叫复习？"为了在班级形成良好的学习氛围，发挥榜样的力量，我开展了"学习之星"评比活动。"学习之星"既包括成绩优秀的同学，也包括进步最大的同学，通过表彰各科优秀学生，树立榜样，我还有意识地宣扬班级部分学困生通过努力学习取得较大进步的励志故事，班级同学听完故事后纷纷送上祝福的掌声，这部分学困生也在掌声中收获了自信与动力。

总之，班主任工作必须从每件平凡而细小的事情做起，每月一个小目标，每月一个小仪式，在潜移默化中让学生树立规范意识，将意识变成行为，将行为培养成习惯。

超能力二：调节情绪，呵护心灵

情绪是指当有机体受到生物环境的刺激，其生物需求是否得到满足，产生的一种暂时的较剧烈的态度和体验。随着年龄增长，孩子会遭遇各种感情问题，如生气、害怕、焦虑、妒忌和胆怯等，如果父母和老师的处理不当，很容易造成儿童情绪抑制，内心冲突，自卑和冷漠等。

一年级学生大都活泼好动，他们对情绪的把控力很弱，行为容易受到情绪的影响，也不知道如何正确地表达情绪，幼小衔接是学生生活中的一次重要转折，生活和学习都发生了很大的变化，在适应过程中容易引起情绪的波动。如从幼儿园的小集体融入一年级的大集体，对学生的交往能力提出了新的挑战。他们需要处理许多新的关系，如同桌、团体等，他们会因为一点小的冲突而气愤、哭闹，甚至是动手。有些学生是因为怯懦，不与别人交往，在交流过程中会产生挫折感，甚至引起自卑感。小学学习的压力比幼儿园大得多，常常因为作业问题和父母发生冲突，许多行为差异的背后都有一只"情绪怪兽"在指挥。因此作为班主任，我们要注意学生在班级的情感管理，培养他们的情感调节能力，不断地探索情感调节方法。那到底要怎么培养儿童情感调节的能力？主要办法如下。

1. 采取正面的管教班级治理模式

采取正面的管教班级治理模式，营造一种和谐的课堂氛围，建立起民主、平等的师生和生生关系，使学生受到尊重和爱护。

和谐的课堂氛围可以让学生体验到教师春风化雨般的温暖，这就是所谓的"亲其师，信其道"。一年级学生正处在向师性最强的时期，他们最喜欢玩的游戏之一就是模仿教师，教师的一言一行对孩子起着教育作用，启蒙老师的形象往往会影响学生对学科的兴趣。所以，作为教师尤其是班主任要做到尊重学生、关心学生、信任学生，真诚地对待每个学生。用"好关系"培养"好学生"。

（1）尊重学生

尊重从早晨的一句问好开始。在很多学校，学生被要求向老师问好，但很多老师却认为这是理所应当的，老师很少给予问好的学生回应，大都轻轻点点头，这样做就没有平等看待学生。对于一年级的学生，他们会在课堂上向老师问好，但平时见到面，就很少问好，这个时候老师可以主动问好，最好能喊出学生的名字，这样，学生会感受到自己被尊重、被重视。

（2）关心学生

一年级学生的喜怒都写在脸上，所以我们很容易就能找到关心学生的机会，学生生病的时候、学生哭的时候、学生遇到困难的时候都期待得到大人的理解与帮助。

（3）信任学生

每个学生的性格都是不同的，每个学生的性格都是可塑的。一年级学生由于教育的背景不同，入学起点也不尽相同，有的学生一开始表现得笨拙，学东西也特别缓慢，但只要我们对他们给予足够的信任和耐心，他们就会取得惊人的进步。和谐的生活关系也对学生情绪的积极调整起到了重要作用。班主任应采取科学的管理措施，在班级内营造"互爱""互助"的氛围。

如何实施"和善而坚定"的教育？在《正面管教》一书中提出四种方法：是否善良而坚定？是否有助于孩子感受归属感和价值感？是否长期有效？是否能教给孩子有价值的社会技能和生活技能？根据以上标准，我开展了以下活动。

开学伊始，我就开展了班级的"图书分享"活动，引导学生把家里的绘本带到学校分享。他们把绘本带到学校来，我会在班级里大力表扬并为他们拍照发到微信群，既达到了表扬目的，同时又鼓励其他孩子积极参与分享活动，借书传递"爱"。学生读了一本本有趣的书，感受分享的欢乐，让学生体验到班级的归属感。

在班级管理方面，我采用"小组合作"制度，在安排座位时参照学生各科的学业水平分组，达到组内异质，营造"互助"和"互学"的环境，发挥小组主人翁的意识，发挥团队长的力量，让优秀学生带动其他学生，由组长监管小组的卫生与纪律工作。发挥团体的力量学习知识，采用导师小组合作制，由教师教组长、组长教组员，让全体学生参与到课堂的学习活动中。通过小组合作进行学习，学生学会了分工合作、交流倾听，培养学生的社会能力，在"互助""互学"的氛围中成长，让每个学生都能找到自己的价值。每周我会评选优秀小组、优秀小组长，把优秀学生作为班级的榜样，鼓励学生继续努力。

（4）把错误作为教育的契机

人非圣贤，孰能无过，孩子就是在试错中成长的。每个学生在犯错的时候，我都表达了对他们的理解，但从来不宽恕他们的行为。我注重让学生学习解决这个问题的办法，如果学生没有这样的想法，我会竭力提出适合学生的建议。

2. 采用"非暴力沟通"培养调节情绪的能力

和善和坚定的管理能让学生感受到尊重与爱。

过去的教育，面对不正常的情感，许多教师都试图控制情绪，用和善的态度引导学生，试图帮助他们调节情感，恢复理想的"正常状态"，但效果并不理想，多数原因是使用了"道德评判""进行比较"与"强人所难"三种不恰当的沟通方式。

（1）道德评判

学生在班级乱发脾气，或是经常情绪低落不愿意参与班级活动，对同学不友善等，这些行为不符合老师心中要求学生要积极阳光的价值观，我们就很容易对捣乱的学生进行道德评判，认为他们不文明、不爱班级、不爱同学等，对他们一顿批评教育后让他们承认错误，承诺改正。这种道德评判容易让情绪处于激动或低落的学生感觉到自己不被理解。

（2）进行比较

曾经那个"别人家的孩子"伤害了很多无辜少年的心，而"同班的他/她"也同样具有杀伤力。"为什么×××就能做到，而你却不行"这句口头禅也在无形中伤害了很多孩子的心。

（3）强人所难

低年段的学生具有向师性，特别是当教师表情严肃地发出指令，学生会第一时间做出反应。正是因为有这层震慑力，我们对学生提要求时就很容易变成了下命令。学生短时间服从不是因为调控能力提高，而是屈服于教师的威严，隐藏了自己真实的情绪表达。

（4）运用"非暴力沟通"

案例1：小西因上体育课时与同学产生矛盾，情绪失控，大吼大叫，坐在地板上不愿起来，体育老师说什么都不理睬，最后只能电话联系班主任。

到达现场后，我发现小西面露怒色，坐在地上。于是我运用了"非暴力沟通"的四部曲和他谈话。"小西，怎么了？体育课时遇到不开心的事，所以才坐地上的是吗？"（观察）"现在还很难受吗？马上要下课了，你坐的位置刚好是去洗手间的路口，等一下会有很多同学经过，这样会妨碍他人上洗手间的。"（谈感受）"体育老师还要继续给其他同学上课，没办法来帮助你解决问题，你说说看，我可以怎么帮你呢？"（说需求）"现在请你站起来，跟我到办公室聊聊刚才发生的事情，好吗？"（提要求）

到了办公室后，我用"非暴力沟通"的方式教小西如何表达愤怒。

① 静下来，除了深呼吸，什么都别做，坐地上解决不了问题，反而会影响到课堂。

② 想一想是什么想法让自己生气。

③ 考虑自己想要老师怎样的帮助，可以举手和老师说。

④ 下课可以找发生矛盾的同学说说你的感受，把自己的请求告诉他。例如，体育课做操时碰到我，我很疼，下次做操要注意，不要碰到我。

通过"非暴力沟通"让小西尝试探寻自己的需求、表达需求，在发怒的时候及时调节情绪。

案例2：小金活泼好动，每次下课都因为忘情地玩耍而忘记上洗手间，结果一上课或课上到一半就想上洗手间。一次数学课，刚上课她又照常要求去上洗手间，结果老师没同意。于是她焦急地哭了，还尿了裤子，这让她觉得非常丢脸，在班里拼命地哭泣。

见到小金后，我首先表示对她的理解。"在学校尿裤子，是不是觉得很丢脸，所以难过。"（观察）"我理解你的心情，老师小时候也在学校尿过裤子，确实很难受。"（说感受）"那你觉得可以怎样解决这个问题呢？"（说需求）"请你以后在课间及时上洗手间，这样就能避免耽误上课时间或是因为太急而尿裤子。"（提要求）

3. 家校联合，进行"绘本心育"

绘本阅读是促进亲子关系、培养阅读兴趣、丰富学生视觉体验，促进学生社会化发展的重要途径。对于低年段的学生，情绪的调节应从认识情绪开始，于是我整理了一系列的情绪绘本，在班级进行"绘本心育"。

（1）认识情绪

《我的情绪小怪兽》这本书简明地帮助孩子用红黄蓝绿黑粉等不同颜色来区分不同的情绪，跟随小怪兽用情绪瓶子厘清情绪，为情绪分类，把抽象的问题具体化，让孩子认知情绪、了解情绪。

活动延伸：开展模仿颜色的表情动作等活动，两人一组，一人说，一人做表情，加深孩子的理解和记忆。

（2）发泄情绪

《生气汤》中一位智慧的妈妈给她的孩子煮了一锅"生气汤"，借助汤和孩子一起调节情绪，让孩子知道什么是适当发泄。

活动延伸：画生气汤，对着生气汤发泄情绪。

（3）调节情绪

《生气王子》和《爱哭公主》以童趣诉说生活中我们常常因为一些小事而产生情绪问题，如王子和爸爸因为穿厚衣服还是薄衣服、吃什么早餐、选择什么交通方式等琐碎的问题闹情绪，导致错失游玩幼儿园的最佳时间。公主因为与朋友产生了小摩擦就哭泣，在粉色生日会上看到一个蓝色气球就哭了，还哭得稀里哗啦，生日会也因此搞砸了。这两本绘本都完整地呈现了"分歧—冲突—生气—导致后果—抱怨—认识问题—协调解决—结果改善"的情绪发展过程。通过讲读，大人和孩子都能感受到遇到冲突时，积极协调比发脾气更有效。

活动延伸：情景演绎1，如果你是生气小王子，你会用什么方法解决和爸爸的冲突？情景演绎2，如果你是爱哭公主，你在粉色生日会中见到蓝色气球很想哭，你会怎么做？

除了教学生疏导情绪，调节情绪之外，我还将情绪类书单分享到班级群，鼓励家长购买绘本和孩子一起共读情绪绘本。对于在学校因无法调节情绪而和同学产生纠纷的学生，我会在进行情绪疏导后给学生和家长布置亲子共读的任务，让家长了解学生的情绪并借助绘本进行情绪调节教育。在亲子共读时，与孩子一起察觉、疏导情绪，采用换位思考的方式去体验、理解对方的感受和情绪状态，并做出应对措施，提高其情绪调节能力。

总结：学生的情绪调节没有立竿见影的方法，需要老师耐心地引导、家长积极地配合，也需要有效的方法指导，要提高学生的情绪调节能力，需要学生学会认知情绪—接纳情绪—合理发泄—调节情绪。在这个过程中，班主任要用正面管教的教育理念营造和谐民主的班级氛围，用"非暴力沟通"的沟通技巧解决冲突、疏导情绪，并以"绘本育心"的形式引导学生和家长一起认识情绪—接纳情绪—解决冲突—调节情绪。情绪调控对学生的身心健康以及人格健全发展都有着重要作用。提高学生情绪调节能力的方法和途径有很多，至于选择何种方式则需要我们做到因材施教。

超能力三：以小组合作促进班级成长

小学生正处于行为塑造、人格形成的主要时期。在这个关键的成长阶段，一旦他们养成了自我管理的良好习惯，将使他们终身受益。小组合作管理作为一种班级管理的新的组织形式，展示出了独特的优势。小组合作体现了"以生为本"的教育理念，让学生学会自我管理，为学生提供一个自由参与班级事务的空间，同时也解放班主任，促进良好师生关系的发展。通过小组合作模式进行班级管理能改善学习氛围、卫生情况、纪律情况，形成良好的班风。

小组合作管理作为一种班级管理的新的组织形式，保留了传统班级管理的一些优点，并体现出自己的独特优势：学生以小组为单位参与班级生活与学习，扩展了学生参与班级生活的空间；学生在班级管理的过程中学会合作、交流，获得自主发展的能力，成为班级管理的主动参与者。那么，在班级管理的过程中，究竟如何才能够真正促进小组合作在班级管理中的实施是值得我们思考的问题。

1. 构建小组，明确分工

科学分组、合理分工是小组合作顺利开展、发挥小组学习功能的前提。我们应该根据学生的智力水平、认知基础、学习能力、心理素质等进行综合评定，然后按照"异质同组，组间同质"的原则进行分组。合作学习的研究者卡甘认为："四人小组为合作学习的黄金组成，这一人员组成最有利于实现公平参与和合作学习的基本原则。在开展小组合作之前我就与各科老师一起根据孩子的综合水平进行分工分组。"（见表1）

表1

职务	主负责项目	职责
组长（正）	学习	统筹安排、收发作业和课堂活动组织
组长（副）	阅读	晨读、阅读书籍整理、阅读分享
组长（副）	课间	课间桌椅和课前准备检查
组长（副）	卫生	小组地面卫生保洁

2. 正确导向，明确目标

召开小组成立会，在会上宣布小组成员的分工与职责。在会上给每个小组拍一张照片，并将照片发到家长群里，让家长也了解小组分配，支持小组合作活动的开展。在很多家长的固定思维中，班长才是优秀学生的象征，小组长只是不值得一提的小角色，他们并不了解提任小组长能锻炼孩子良好的沟通和协调能力，正确的引导需要形成家校合力。

微班会"如何成为优秀小组"，优秀的班级需要团结合作的小组组成，优秀的小组需要成员共同努力。

组长要了解成员的优劣势，合理统筹。

成员要明确自己的责任，各司其责。

成员之间要相互协助、荣辱与共，不嘲笑落后的同学。

成员要发挥自己的优势为小组争得荣誉。

成员之间要乐于分享，增强小组的整体实力。

3. 制度完善，科学评价

小学低年段的学生，其做事的方式方法以及能力还不完全具备，对做错事的后果也不了解，不懂得承担责任。班级制度可以让学生知道，什么是错，什么是对，错了需要承担后果，表现优秀可以得到认可。这样，让学生对自己严格要求，对学生的成长有着至深至远的影响。

为了促进小组发展，我设定了小组评分制度：在黑板的右侧贴一张每日积分表和每周积分表，通过积分表记录小组学习、卫生、纪律等各个方面的表现，每周五班会课统计当周的小组整体得分，并评选"优秀小组"，按积分选出第一名、第二名和第三名。前三名的小组拍照发送到家长群并提醒家长表扬学生一周的表现，第一名的照片将作为下周班级电脑桌面的图片，各科老师和学生都能清晰地看到第一名小组的照片。前三名的小组组长被评为"优秀小组长"，当周"优秀小组长"有机会在下一周的国旗下活动中代表班级领奖。

对于落后的小组，我会进行谈话，让学生了解自己得分较低的原因、失分的原因，对小组成员不团结的情况进行引导。

总之，只要我们心中是真诚地为学生，为学生的健康成长而付出，端正自己的工作态度，一切都以提升学生的生命状态为出发点，我相信，我的班主任工作定会在不断的磨炼中得到提升，通过践行小组合作，班级各项管理变得更有序，学生的自我管理能力得以提高，同伴关系也更加友好。

班级智慧管理

深圳·新安中学（集团）第一实验学校　郭俊江

小档案

郭俊江，硕士研究生，深圳市王小玲名班主任工作室成员，宝安区教育系统骨干教师。2020年国培计划"攀枝花语文骨干教师提升培训"导师，获宝安区语文录像课例一等奖，家庭教育课例特等奖，少先队现场说课比赛一等奖。参与多项省级、市级、区级课题。所带班级获得宝安区"红旗中队"称号。

小见解

做一个"善动"的班主任

不知不觉，我也当了近10年的班主任。记得刚工作时有人对我说："班主任是天下最小、责任却最大的主任。"的确如此，班主任工作是辛苦的、琐碎的、繁忙的。很多老师都谈班主任色变，但我却乐此不疲，因为越是当班主任，越是觉得这是个专业化的求索，不断给予我挑战的同时，也让我收获生命的意义。我觉得要做好班主任需要"善动"。

（一）动动脑，想一想

班主任工作的主要对象是人，而人是世界上最复杂的动物。所以在说话、做事之前都要多想一想，考虑周全。比如，我在和家长沟通前，就会想想表达的艺术：是直接打电话好，还是微信留言好；是直接告知，还是委婉表达；是大事化小，还是紧抓细节；是长话短说，还是明话暗说……你看，说什么看似张口就来，实则心中千回百转。

（二）动动口，学一学

在班主任工作中，难免会遇到不知道如何处理的问题。比如，如何建设一个能够自主管理的班级？如何转化后进生？如何培养学生的批判精神与创新能力？等等？我会向有经验的前辈"动动口"，学习他们丰富的管理经验；也会向德育研究的专家"动动口"，请教他们学生犯错背后的隐藏信念，知其然并知其所以然；还会在网络上"动动口"，与广大有教育情怀的网友一起探讨教育现象。

（三）动动心，备一备

班主任工作跟学科教学一样，都需要教师不断的专业化成长。所以，我在组织主题班会活动，进行家庭教育指导前都会认真备课：备家长、备学生、备背景、备教法等。这样才能让班会活动发挥最佳育人功效，让家庭教育指导充满智慧与力量。

（四）动动眼，读一读

哲学家雅斯贝尔斯说过："教育的本质意味着：一棵树摇动另一棵树，一朵云推动另一朵云，一个灵魂唤醒另一个灵魂。"优秀的班主任就是要用自身的"火"点燃学生心灵的"灯"。所以我也在不断学习，用先进的教育理念管理班级，让学生在充满尊重、关怀、民主、和谐的氛围中得以身心健康、精神自由、生命自主。

（五）动动手，写一写

每位班主任在班级管理中都会遇到各种问题，有些是我们自己发现的，有些是家长发现并提出来的；有的我们可以通过看书，问有经验的班主任解决；

有的问题找不到答案，只能自己去探索。我会在平时坚持用写教育随笔、教育日记的方式进行反思或总结。这是不断积累经验、创新方法的源泉，也是我们班主任生涯中一笔巨大的财富。

班主任的工作藏着大智慧，只有不断地去思考，才能让自己如鱼得水。班主任工作也是一份慢工出细活的工作，是心有情怀、润物无声的感化工作。我将一路前行，朝着太阳的方向。

实践录

班级的起步初建——因智慧而美丽

（一）在"准备"中开始

时间过得真快，转眼就到了8月20日。学生们可能还没有玩够呢，新学期就要开始了。这学期我接了一个新班，一切又重新开始。我满心期待，仿佛能够看到一张张新鲜的面孔看着我呢！不打无准备的仗，我静下心来梳理开学前要做的工作。

1."人"—"从"—"众"式了解班级

人是班级的根基，认识这个班级也从人开始。首先从一个人那里去了解班级——班主任，然后从几个人那里去了解班级——科任老师，最后再来了解整个班级的"众"——学生和家长。

（1）从"人"了解——班主任

还没等我去找前任班主任，这个风风火火的女子已经来找我了。噼里啪啦地一阵输入，我听得茫然。赶紧拿了笔记本出来，认真记下她说的各种信息。这些信息有哪些学生擅长什么；哪些家长平时非常积极；哪些家长家校沟通上还不够，需要在后面加强……我重点了解了在各科学业上、行为习惯上暂时弱一些的学生，并在班级名单上打上着重号。这些学生我会在接下来的了解中去发现他们的闪光点。

在其他老师看来比较头疼的学生，我觉得是个宝。这些学生并不是智能低下，品质恶劣，只是在成长过程中受到外界的环境刺激，且没有用正确的方式进行疏导。他们看起来性格散漫、情绪多变、违反常规，其实是强烈需要他人关注和爱的表现。所以，接收新班级时正是改变这些学生的良机。他们渴望给新老师留下新的印象，如果能激起他们的求知欲、上进心，让他们感受到来自老师和同学们的关爱。他们的心中就能燃起一团希望的火种，激起他们奋发向上的力量。而这些学生一旦有所改变，是真的会记住这个老师一辈子。恰恰就是这样的学生毕业多年还经常回来看我。

（2）从"从"了解——科任老师

光从班主任处了解的信息还不是很具体和全面，作为学生们新的班主任，我还要从各位科任老师那里去了解学业上积极和薄弱的学生。有时候学生在这一科比较薄弱，但在另一个学科可能就会很积极，学业成绩也很好。这类学生就需要教师展现人格魅力，让他爱上老师。这部分学生我会在名单中画上三角形。还有一部分学生各科学业都不是很理想，那我要着手了解他们平时的学习习惯和家庭管教方面的情况。这部分学生我会在名单的名字下加点。后续还要继续去了解。

（3）从"众"了解——学生和家长

有了班主任和科任老师的信息，我对班级中比较有特点的学生已经有大致的了解了。那么，接下来就要了解新接手班级的学生和家长了。第一步是要会读，读顺学生的名字。教书多年，每接一个新班，总有一些学生的名字里有不常见的字或者多音字。需要提前做好准备工作，让第一次的见面有个良好的开始。第二步是翻阅班级以前的家庭档案，了解学生的性格、特长、家庭情况等。重点关注离婚、隔代、重组和寄养家庭的学生，一一做好分类记录。第三步是"电访"：学校要求分月上门家访，所以在开学前我选择用"电访"的方式，关心学生的暑期学习、生活情况，拉近与学生的距离。同时也对学生的家庭进行了解，特别是前面重点标注的学生家庭。了解家长检查学生平时作业的情况；平时是谁来接送学生；家里一般谁管学生更多一些……

最后，我还要设计一份调查表来深入了解学生。从这个表格的信息，我能了解以后班干部的初步意向人选和找到更快走进学生内心的途径（见表1）。

表1

姓名		性别		出生年月	
我当过班干部吗					
我最喜欢的老师是谁					

我的爱好或者特长是什么	
我想当什么班干部？为什么	
为什么喜欢这位老师	

2. 班级事务的安排

开学前的准备工作除了了解人之外，还要在具体的事务上进行准备，这样才能在学生到来之时，让他们有个有条不紊的新开始。

首先是上学放学的行走路线。因为每个班都有各自集会、上学、放学的路线，不同的年级走的学校门也会有所不同。所以，我首先问好行走路线，并亲自走一遍，因为报到当天也要带学生走一遍。

接着就是教室的大扫除，把教室收拾得明亮整洁，是开学前必做的工作。提前在班级群发招募信息，招募家住在附近且有空的学生带上清洁工具，跟我一起进行大扫除。进入教室，清理教室。把墙壁上原来张贴的东西清理干净，尽量不留痕迹。擦窗拖地亦是常规工作。特别要注意的是课桌的清洁，学生的桌子难免会有很多笔墨的痕迹，找来清洗剂仔细擦洗。因为对每个学生而言，一个干净的课桌在他们心里很重要。

另外，还要准备好班级的各种表格，如作息时间表、课程安排表、值日表等。提前在班级家长群传一份，也在教室张贴一份。因为这些是很多家长和学生开学就会问的，提前告知也能让学生尽快做好开学的准备。

开学做好以上的班级事务准备，学生就能一下子进入新学期的学习中，初步保证开学前两周学习生活的正常秩序。

（二）在"规划"中起航

马上就要开学了，学生们又站在了一个新学期的起点上。古人云："凡事预则立，不预则废。"要想在新学期取得学习上的进步，在开学之初制订一套行之有效的学期学习计划无疑是个很好的选择。同时，现代教育不仅需要学生学到知识本身，更强调要激发学生的学习自主性，提高学生应对现实情况、制订计划、分析问题、解决问题的能力。其中，首先就是要学会制订计划，执行计划。学生制订和执行学习计划的过程就是形成自主管理意识，提高自主学习能力的过程。所以，制订学习计划并不是简单地布置学生一节课内完成的任务，而是需要老师、学生以及家长多方的准备和配合。

1. 备——学科·需求·时间

学期学习计划的制订反对将学生"一视同仁"，用统一的模板、统一的标准去要求学生，而是要充分尊重每个学生的差异，同时相信学生的能力。老师的作用是帮助他们发现自己的优势与薄弱点，制订个性化的学习计划。

（1）学科群体目标

一个学期的学习计划是要将学生的学习现状和学习目标有机结合。但很多学生在制订计划之前其实并不清楚本学期各学科的学习目标具体是什么。这就导致学生的目标定位比较空泛——单纯就是要考多少分。所以，在开学初，作为班主任，我会联合各科老师，首先对照课本的目录和课本的组成部分给学生们讲解本学科本学期的基本学习目标。比如，四年级上册的语文学习，我给学生们定的基本学习目标如下。

会读：流利读课文；每月全班共读一本书。

会背：背诵课文规定篇目；每周背诵两篇小古文。

会写：听写生字词，默写课文中的名言警句、诗词等；掌握八篇单元作文的写法；会写自己的读书感想并和同学分享。

会问：能从不同角度对文章进行提问。

会做：分析语文知识和试卷中的错题，总结这类题的审题和答题思路。

有了老师梳理的这个基本学习目标，学生在制订自己的学习计划的时候才有具体、清晰的方向，而不只是要考多少分，要多久完成作业。

（2）学生需求分析

在制订学期学习计划之前，学生也要对自己各科的需求进行分析。班主任可以制作表格，请学生填写自己在各科中表现优势的地方以及薄弱的地方，并引导学生有计划地去加强薄弱面。比如，有些学生记忆力非常强，一篇古诗几分钟就能背诵和默写，而且不容易忘。但是在作文上比较吃力，常常写不出来东西。那这些学生就可以在背诵和默写上少一些时间，加入好词好句积累，每天的日记也可以写起来。有些学生各方面都表现得不错，但字写得不尽如人意，那就可以引导这部分学生每天加入练字的部分（见表2）。

表2

姓名			
我在语文上表现最优秀的地方是哪里		我在语文上还可以在哪些方面加强（怎么加强）	
我在数学上表现最优秀的地方是哪里		我在数学上还可以在哪些方面加强（怎么加强）	
我在英语上表现最优秀的地方是哪里		我在英语上还可以在哪些方面加强（怎么加强）	

（3）学生时间分析

学生还需要了解自己一周中可用的时间并做记录。比如，周三晚上有两个小时的舞蹈课，周六有一个小时的书法课。那这些时间就要从可用时间中划掉。最后把平时和周末的学习时段分开来，划分不同的时间板块。

2. 制——目标·内容·技巧

（1）计划的目标指导

学生在制定计划表的目标时，很容易"畏难"和"大跨越"，制定的目标往往不切合实际。这就需要老师，甚至是家长，共同参与目标的制定过程。

在前期的准备工作中，我们已经了解了学生的起点，即学习的客观现状，也了解了学生各科的优势和薄弱点。那我们就要根据"最近发展区"，选择一个优势或薄弱点进行突破，而这个突破就是目标的生长点。

（2）计划的内容指导

学生制订计划要从全局出发，合理地安排时间。要考虑到起床、作业、上培训班、吃饭、运动、睡觉等日常活动。所以我会建议学生把学习计划分成三个板块。

①"能"板块：这是常规的学习和作业板块。包括每天要完成的各科作业，每天要听、读的英语课本等。这个板块主要是指向学生的基本知识和能力。

②"会"板块：这个板块是学生根据自身的学习需求，在老师的指导下制定的，要发挥优势，提升弱势的项目，让学生不仅能学，更会学。

③"爱"板块：这个板块指向学生的兴趣和体育锻炼、家务劳动等。义务教育阶段，学生的发展是全面的。艺体兴趣和体育锻炼能让学生保持健康、自

信的学习状态。同时，2020年，《中共中央　国务院关于全面加强新时代大中小学劳动教育的意见》要求把劳动教育纳入人才培养全过程。所以在制订计划时也要把力所能及的家务劳动纳入其中。

（3）计划的技巧指导

要制订科学的、切实可行的学期学习计划，需要对学生进行一定的技巧指导。

① 相对固定。

尽量创建一个例行安排，即每天的同一时间学习相同的科目。比如，每天7：00—7：25学习数学、7：30—7：55学习语文。这样就会在心理上形成一个自然的准备状态，不用反复核对，浪费时间。

② 交替学习。

不同的学科分别对应人体大脑不同的语言功能区和逻辑思维功能区。长时间的单一学科的学习容易疲劳，同时可以利用弗朗西斯科·西里洛的番茄工作法。老师可以引导学生把项目分解成25分钟为一个单位时间，不同学科交替进行学习。

③ 机动时间。

引导学生要在计划表中预留部分空白时间，以应对突发情况。比如，每天留一个空白的单位时间，当因事耽搁，偶然被干扰没有完成计划时，学生可以用这个空白时间把耽搁的时间补上，让学生的计划具有一定的灵活性。特别在学生刚刚制订计划时，允许学生估计不准，保护他们的成就感。

④ 动态调整。

学生的学习计划制订好了之后并不是固定的。我们可以利用一节班会课进行执行与反馈，引导学生对比目标和执行结果，回看自己的执行情况。如果我们执行的结果明显落后于计划的目标，那么表明目标制定得高了，或者对自己的潜力估计较高，导致无法完成，则需要调低目标，调低预期，调整到适合自己的目标和计划。反之亦然。这样的动态调整可能贯穿到整个学期中，它是发现问题、修正计划、改变行动的重要手段。

3. 助——抱团执行

学生的年龄较小，自制力还比较弱，制订好学习计划后，一定要有团体监督制约的跟进。特别在初期，学生可能感觉执行比较困难，非常容易气馁和放弃，这时候需要老师、同学、家长的鼓励打气。根据马卡连柯的"通过集体、在集体中和为了集体"的原则，我将全班学生分成了八个小组，每个小组6位同学，尽量做到组内异质、组间同质。每个小组中选一位认真负责的同学作为组长，这位同学的家长作为组长助理。每天组长组织组员在钉钉群进行学习计划执行反馈，互相鼓励。遇到执行中的问题也首先在组内尝试解决，组内解决不了再向家长、老师反馈，共同解决。

4. 晒——成果分享

我会定期在班级中开展学生成果分享活动。一般每周五的晨读为分享日，帮助和鼓励每个学生都来分享自己在制订与执行计划中的经验和成果。让学生在分享的过程中，充分体验学习的成就感和幸福感。同时，在期中和期末会有成果晒一晒活动，将学生这段时间的计划表、作业本、试卷等成果放入个人资料袋中，投票选出班级的"自主学习管理之星"，进一步加强学习计划表的作用，增强学生的自我管理意识。

经过一段时间的执行后，学生会形成一种习惯性生物钟和本能性反应，计划执行就会轻松自如，学生的自主学习能力也会得到发展与提升，学生的自我规划、自我管理意识也就逐步培养起来，就能使学生踏上一条良性发展的"康庄大道"。

（三）在"沟通"中远航

在小学班级管理中，我们要善于抓住家长这个"合伙人"。这样，我们的班级管理才能争取到家长的力量，真正扬帆远航。

1. 抓亮相，聚力家长

心理学上有个"首因效应"，是指交往双方形成的第一次印象对今后交往关系的影响，也是"先入为主"带来的效果。虽然第一印象并非总是正确的，却是最鲜明、最牢固的，并且决定着以后双方交往的进程。在家长和老师的交往中也同样存在这样的首因效应。我们希望达到的目标是喜欢你、认可你、信服你，只有这样，家长才会心甘情愿地配合我们班主任。

（1）第一次线上介绍

网络时代，我们跟家长的第一次打交道一般都是在微信或者QQ上，组建好了班级或者新加入班级，首先会有个自我介绍。怎么做好这第一次的线上亮相，让家长对班主任很有好感呢？

　　我们要知道，不论是一个新组建的班级，还是一个中途接的班级，家长考虑的都是：这个新班主任长什么样？她是不是经验丰富？能否摆平班级中的各种情况？她有没有责任心和爱心？能不能公平地对待我的孩子？她的性格怎么样？能不能恩威并施？……那么在开学前的这段介绍文字中，我们就应该突出自己的用心。如果是经验不足的新老师，可以突出自己的学历、和学生打成一片的性格以及自己的教育理念。如果是经验丰富的老师，可以突出自己的从教经验、班级管理的特色等。让家长在介绍文字中找到教育的共鸣，也找到新老师对于班级的用心。同时，还可以配一张自己最满意的生活照。相由心生，家长看到这张笑容灿烂的美照，也能够感受到班主任对学生的温暖爱意。当然，不要忘记附上自己的联系方式，让家长能在第一时间联系到班主任。

　　案例：

　　各位家长，大家好！

　　我是×××，非常幸运这学期成为您孩子的新班主任。我毕业于×××大学，硕士研究生。我的联系方式是：×××××。

　　我非常喜爱孩子，他们是那么的可爱。这份可爱不仅是整天软萌萌地站在我面前叫我，×老师好！也是发脾气时，那高高噘起的小嘴。他们是那么纯真、自然地流露自己的想法，喜欢就是喜欢，不喜欢就是不喜欢。我爱认真完成作业的他们，也爱不完成作业、不断找借口的他们；爱上课积极回答问题的他们，也爱偶尔不知道神游到何处的他们……因为这就是最真实的孩子呀！

　　我认为无论是老师还是家长，我们都是孩子的榜样。想要让孩子成为什么样的人，我们自己就要成为什么样的人。作为老师，我希望我的学生说到做到、主动学习、坚持不懈、和善友爱，那我就要成为一个说话算数、不断学习、和善坚定的老师。不妨请各位家长也思考，您想要孩子成为什么样的人呢？那就让我们从自己做起，以身作则吧！

　　刚接手班级，我希望能够更了解每个家庭和每个孩子的特点。我将在开学第一周内进行孩子个人档案的建立。届时请各位家长配合填写相关问题，让我更快了解您孩子的个性和学习优势，了解孩子的学习短板等，以便在后面的学习生活中，给孩子以适切的教育指导。

　　我将在开学第二周跟您做家庭电访，在一对一的互动中进一步了解孩子在家的相关情况，全面了解孩子。也希望在这个过程中，跟您建立良好的沟通通道，形成家校合力。

期待和您以及孩子的正式见面，也期待在以后共同培养孩子的道路上，我们能相互理解、相互配合，让每一位孩子都成为更好的自己。

（2）第一次家长会

一般在学期中会有一次正式的家长会，对于新班主任来说，这次亮相能够让家长更亲近老师，争取更多的家长进入我们的教育阵营。

首先，班主任穿着打扮要得体，说话温柔耐心，要让家长一看就觉得有老师范儿，女老师可以适当化淡妆。家长从外表和声音就产生了信赖感，这样后面的沟通就事半功倍了。还需要精心制作PPT，最好把学生的日常活动加进去，让家长们看到你很关注他们的孩子。

接着是共情，让家长感觉到班主任和他们是一个阵营的。我们可以告诉家长们："家长是孩子的陪伴者，看着孩子从呱呱落地到牙牙学语到能说会道。班主任也是孩子的陪伴者，陪伴着孩子从早上8点到下午6点，陪伴着孩子从周一到周五，陪伴着孩子从懵懵懂懂到天真烂漫，陪伴着孩子流泪和微笑。可以说班主任的陪伴并不比家长们少。人非草木，孰能无情？所以我觉得我就像孩子的父母一样，打心里希望每一位孩子学有所获，快乐成长。今后，希望我们常常沟通，一同努力，陪伴孩子成为更好的自己。"

这段话是在告诉家长们，把孩子交给你，放心吧！

接下来，可以说说自己的带班业绩、获奖情况（切勿长篇大论，挑最值得骄傲的一两个即可），以及班级教师队伍介绍。在介绍科任老师时，不要吝啬夸奖之词（富有爱心、责任心强、经验丰富等），让家长感受到给他们的是最好的老师，一定能将孩子教育好。家长有了这样的归属感，更能让其信服班主任的工作。

最后分享一些能够启发家长的教育理念，比如，正面管教理论，强化理论等。然后趁机提出学习上的相关要求，比如，请家长要多关心孩子，不能当甩手掌柜，亲子阅读等。

家长会结束后，班主任留给家长的印象是老师很温柔、有爱心，而且能够想他们所想，急他们所急，与他们统一战线，有能力把他们的孩子教育好。同时还懂一些与时俱进的教育理念，能够帮助他们科学地养育孩子。那这第一次的家长会就成功了，后面的工作做起来也顺风顺水了。

2. 抓沟通，融情家长

班主任是班级关系的经营者，需要通过多渠道的有效沟通来经营学校与家长的关系，只有这样，才能使学校教育与家庭教育和谐统一。这个沟通渠道只有家访或者家长会是不够的，信息化时代，需要班主任带着教育智慧去拓宽沟通渠道，让家长和老师紧紧联系在一起。

（1）常规性途径

① 家访。

家访可以分为普访和随访。普访是定期的家庭访问，一般学校会要求每个月进行几次家访，在一学年内家访完所有家庭。随访是针对近期发现的学生的问题，针对性地到学生家庭中去了解情况，及时解决问题。

家访的优点是可以详细了解学生的成长背景、校内外表现，并且可以和家长面对面沟通，许多电话说不清的事情可以表达得更加全面。同时，走进学生的家庭中，也能拉近老师和家长的距离，让家长直接感受到老师对学生的关注和关心。但是，这种方式会加大班主任的工作量，而且家访需要提前跟家长预约，时间上不好安排。所以建议在条件允许的情况下，一学年家访完一次班级的家庭，有特色需要的家庭可以增加1~2次。

② 家长来访。

家长来访有部分家访的优点，如面对面交流，能提高交流的效率，让学生的问题更快解决。比如，遇到学生之间发生打架、矛盾时，这种方式能迅速加入多方力量，集中学生、家长、老师、班主任、德育领导等，快速拿出合适的处理方案。但家长平时也有工作，非紧急的事情请家长也是不恰当的。而且教育传统中，"请家长"不是个好词，容易引起学生和家长的紧张感。所以建议非紧急的事情慎用。

③ 电访。

班主任最常用的沟通手段之一就是电访。这种沟通方式快捷、方便，能够快速地解决问题。但由于沟通时看不到表情，表达不全面，很容易给家长造成学生问题多、老师不喜欢学生的误会。所以建议这种方式用在事务性的沟通上，如学生迟迟没有到校等，无关品行的事情时采用。

④ 微信群、QQ群。

这种方式是广大班主任经常采用的沟通方式。这种方式的沟通很灵活，可以群聊，也可以私聊；可以收集资料，也可以共享资料。班主任也很熟悉这种方式，操作也简单方便。但这种方式主要是以留言的方式进行，没法在短时间内处理问题。同时，有些长期"潜水"的家长不关注群，容易造成信息遗漏。所以，这种方式适合通知事务性信息，整体推进班级管理。

⑤家长会。

根据学校的工作安排，家长会一般在期中或期末考试后召开。家长会是学校和家长多方面交流的好机会，能够让家长知道学校的教育理念、工作计划，也可以了解学生的在校表现、各科的学习要求等。让家长心里有数，配合学校共同教育好学生。但是由于时间有限，主要是学校和老师的单方面输出，较少能够双向沟通。这种方式适合集中传递教育理念和学习要求。

常规性家校沟通途径能了解学生在校内外的表现，也容易掌握部分学生的个性心理特征，能改变一部分家长在教育子女问题上完全依赖学校、依赖教师的心理状态。但对教师而言，要想更深入地了解学生内心的需要，单靠这些途径很难达到目的，因此，教师与家长的联系途径必须拓宽、加深。

（2）探索性途径

①建立"家庭联系栏"。

充分利用学生的作业记录本，划分出每日学生"自省吾身"和"家庭联系栏"板块。引导家长将对学生评价、期望以及需要老师提供的协助、对教学的建议写在家庭联系栏中。班主任从这本作业记录本中就能掌握学生各科作业的完成情况，加强家长对学生学习的关心，并及时知道家长的所思所想，分情况去处理家长反馈的问题。根据我的实践，此种联系方法是教师了解学生学业情况、家长想法非常有效的方法，而且花费时间不多，值得提倡。

②公众号与短视频。

随着信息化技术的深入发展，特别是疫情时代对线上学习的需求；也随着学生家长学历文化层次的提高，很多家长有主动学习教育理念，主动了解学生成长规律的需求。所以以互联网为基础，有针对性的家庭教育指导必然受到大部分家长的欢迎。班主任不妨紧跟时代，建立班级公众号或视频号，有计划地协助家长共同探索家庭教育规律，以实现科学养育子女的目标。

我建立了班级公众号，根据学期的时段来指导家长对学生的教育。如开学前，在公众号中放入如何帮助学生收心的文章；在开学初撰写如何帮助学生制订学期计划的文章，并且邀请各科老师发布新学期的新要求等文章；在大考前发布如何引导学生制定复习计划表的文章；大考后，发布如何让学生感受到家庭支持的力量等文章。同时邀请一些家长代表在公众号中以现身说法介绍育人的经验，促使其他家长的心理水平由依赖、应付性逐步向合作、目标性转化。

（3）家校联系的"知情行"

① 重视提高家长对家庭教育的"知"。

著名教育学家苏霍姆林斯基认为，家长和教师都是教育者，两者不仅要一致行动，向学生提出相同的要求，而且还是志同道合者，抱着一致的信念。但我们在班级管理中，还是发现不少家长觉得老师是万能的："学生没有完成作业，我们问的时候学生说完成了，老师你狠狠批评吧，留下他补完作业，我们没有意见。""学生上学迟到，我们催了，但是他就是拖拉，老师你该批评批评，该罚就罚，给他长个教训。"……所以我们需要通过上面的各种沟通渠道，转变家长的观念，提高他们对于家庭教育的认知，让家长积极担负起教育者的责任，这样才能形成合力。

在提高认知的基础上，班主任还应帮助家长不断接受新的教育理念，提高自身素质，做好子女的表率。学生是家长的影子，家长的言行举止都会给学生以潜移默化的影响。如有位学生在学校特别容易情绪崩溃，情绪来的时候大半个教室的桌椅都能遭殃。我通过家访了解了学生的妈妈火气比较大，情绪多变的情况。后续通过多次的电访、家访，我和家长一起学习情绪理论，掌握情绪疏导办法，不断调整教育策略，最后帮助学生用正确的途径来表达情绪。后续，我还请这位家长把整个过程中的经验分享在公众号上，给其他家长提供借鉴方法。

另外，我们在家校联系时，就要努力改变家长的分数观念，通过各种沟通途径把学校培养目标、办学思想、教育观念等灌输给家长，提高他们的认识，使家庭教育与学校教育步调一致。

② 重视调动家长参与学校教育的"情"。

要提高家长搞好家庭教育、配合学校教育的积极性，光提高认知是不够的，还必须调动他们积极参与的"情"。人都是想听夸奖，抗拒批评的。如果班主任只是在学生犯错误的时候才联系家长，家长就会对自己失去信心，甚至产生反感，觉得老师针对他们家孩子。所以在家访时，我们可以多采用奖励家访，即当学生取得进步时，就去家访。此时家长的心情特别好，他往往感到这是家长和学生共同的光荣，心中更是对自己的家庭教育充满希望与信心。这时老师若有什么提出请家长配合的，家长当然坦诚接受，密切配合。回复"家长联系栏"时，也可以把学生取得的进步归功于家长。如学生今天完成作业很快，班主任可以这样写："看来你对孩子的用心在慢慢开花结果了！""你可真是个称职的家长。看到了孩子的每个点滴的进步。"这些话字里行间都流露出教师对家长的信任与激励，家长参与教育孩子的积极性就会提高。

③重视指导家长家庭教育的"行"。

家长一般都不是教育工作者，许多人缺少家庭教育的方法与经验。道理学了一堆，但遇到学生的教育问题还是不知道怎么做才好。这就需要我们在进行家校联系时，要注重对家长教育行动的指导。我们班主任可以用微信小程序收集家长们遇到的实际问题，然后进行归类整理，通过公众号来具体指导家长遇到这些问题时怎么做。比如，"孩子上学总是忘带书、作业怎么做？""孩子考试总是因为粗心马虎丢分，家长怎么做？""孩子没有上进心，对待作业懒懒散散，父母怎么做？"再通过个别沟通的方式，跟进并帮助家长解决他们遇到的教育问题。

不管是什么途径的联系，什么内容的沟通，班主任和家长都应相互支持、互相信任、同心协力，让学校教育与家庭教育和谐统一。

3. 抓纽带，凝聚家长

从某种意义上来说，家委会的成功与否直接关系到了班主任的带班顺利与否。一般来说，家委会的组建有两种方式：第一种是自愿报名，班主任根据报名情况合理认定。这种方式一般是在一年级开始时，大家互相不了解的情况下。第二种是民主选举产生，这种方式一般在换届时使用，家长们之间已经比较了解了。

我在设置家委会时，是用部门的方式来组织，把家委会分成了四个部门。

第一，组织执行部。

部长：一人。

成员：若干。

工作职责：

（1）负责收集家长对学校、老师的各种疑难问题，及时沟通解决并通报班

主任。（指定负责人）

（2）负责协助追踪各组工作执行落地。（指定负责人）

（3）负责班级所需文章撰稿人安排，并兼职摄影和微博组。（指定负责人）

（4）负责班级教室日常装饰制作与布置。（指定负责人）

第二，组织策划部。

部长：一人（负责策划部工作总体协调）。

成员：若干。

工作职责：

（1）班级微博团队工作协调。（指定负责人）

（2）安全平台作业布置及督促完成。（指定负责人）

（3）负责学生小讲堂和家长小讲堂统筹安排。（指定负责人）

（4）班级作文集排版印刷工作。（指定负责人）

（5）负责QQ群、微信群各项通知及时提醒家长。（指定负责人）

另：组建微博撰稿团队。（10人左右）

第三，摄影设计部。

部长：一人。

成员：若干。

工作职责：

（1）负责班级集体活动过程中的拍摄和录像。（指定负责人）

（2）负责班级集体活动照片和视频后期制作。（指定负责人）

（3）负责班级QQ群照片整理归类存档。（指定负责人）

（4）负责班级日记集、最棒班级娃等各类设计工作。（指定负责人）

第四，财务采购部。

部长：一人。

成员：若干。

工作职责：

（1）配合班级的阅读书籍、学生活动、课外活动等物资采购。（指定负责人）

（2）负责班级各项支出费用的账目统计。（指定负责人）

（3）负责班级各项费用收取并和学校缴费工作对接。（指定负责人）

（4）负责班级活动表演服等尺寸的收集、上报。（指定负责人）

（5）协助执行部负责班级教室日常装饰制作与布置。（指定负责人）

这四个部门就把平时班级中的活动基本覆盖到了。只要我们班主任敢放手、懂放手给班级的家委们，大家一定能给我们一个充满正能量的班级，一个多姿多彩的班级，一个具有良好沟通能力的班级。

教育不是"适者生存"，而是"各美其美"。在这个发现与陪伴的道路上，我们需要与"合伙人"有共同的视野、认知和思维。抓好家委会这根纽带，就能凝聚起全班家长与老师的心，从而达到事半功倍的效果。

班级的制度打造——因用心而精彩

（一）班级管理员的培养

随着"4-2-1"家庭模式的出现，现代学生备受宠爱，在大多数家庭里，学生的事情由父母、长辈一手包揽完成，养成了很多学生"饭来张口，衣来伸手"的习惯，学生们丧失了独立自主的能力，自主意识也十分缺乏。现在的学生渴求做自主选择的主人，这种自主选择意识似乎是天生就有的，但是自主选择能力并不是天生就有的，需要成人指导或者专门的训练。

案例：《彤彤妈妈的苦恼》——老师与家长的聊天记录

彤彤妈妈：郭老师，麻烦你叫彤彤到校门拿她的数学书。

郭老师：好的，彤彤妈，彤彤还是丢三落四的。

彤彤妈妈：哎，每天都是这样，自己从来不整理书包，全靠我和她爸。

彤彤妈妈：刚开始怕她整理不好，不让她动手，现在她认为收拾书包是我和她爸的事情了，一步都离不开我们。

郭老师：你们可以尝试放手，带着孩子一起整理，不然孩子断不了奶。

彤彤妈妈：是的，我们也意识到了这个问题，应该让她自己做。

彤彤的现象并不是个例，在二年级的班里每天都有这样的事发生，不是书本忘带，就是水杯忘带，只能打电话让家长送到学校，忘带的原因往往是"妈妈没有帮我放进书包"，家长们对此也是苦不堪言，强烈期望学生"自主"。

那怎么在班级管理中培养学生的自主选择、自主管理、自主评价的能力呢？这几年我一直在摸索，以下是我的实践。

1. 确定岗位，明确职责

给儿童以自由，使他们在力所能及和别人所允许的范围内，去发现什么事他能做，什么事他不能做，这样他就不至于枉费时间去做那些不可能的事情，而把精力集中于能做的事情了。基于不断地观察，我发现学生天生具有自主选择的意识，只不过自主选择能力较为薄弱。因此，教师应该尽可能地让学生进行自主选择，让他们早一点尝试选择，接受选择实践的锻炼，帮助他们树立正确的选择意识，提高选择能力。

（1）基于实际，设置岗位

根据班级管理的需要，"小管理员"打破了传统的班委管理模式，摒弃了极少部分的班干部职务，设置了全员参与式的班级管理岗位，在班级中搭建了良好的自主选择平台。

基于班级实际情况和学生的实际需求，我设置了墙面管理员、图书角管理员、卫生角管理员、置物柜管理员、路队管理员、绒板管理员、红领巾管理员等若干个岗位。并针对不同岗位，在班级内进行商议，通过学生各抒己见，根据班级的实际情况、学生的实际需求，设立了如下岗位（见表3）。

表3

分类	岗位	
人员管理	早读管理员	
	路队管理员	
	课间管理员	
	广播操管理员	
	眼操管理员	
	红领巾管理员	
	地面管理员	
	桌椅管理员	
物品管理	门窗灯管理员	
	图书管理员	
	卫生角管理员	

续　表

分类	岗位	
物品管理	墙面管理员	
	讲台管理员	
	黑板管理员	
事务管理	绒板管理员	
	作业管理员	
	回执单管理员	
	课前准备管理员	

这些岗位的设置为学生提供了彰显自我个性的平台，满足了他们被需要和被尊重的心理需求，他们在集体中感受到强烈的归属感，所有学生都意识到我是班级的主人，我要选择适合自己的岗位为班级服务。

案例：《争当班级小主人》

昨天午会课，老师说我们都是班级的小主人，要自己管理好我们的班级。所以，首先就要为自己选择一个适合的岗位，都来为班级服务。分配岗位前，我们要讨论我们班级中有哪些是需要同学们来管理的，请大家发表自己的意见。经过同学们争先恐后的发言，我们班级的岗位制定出来了！我们有了：路队管理员、绒板管理员、语文组长、数学组长等岗位，明天老师会让我就自己想当的管理员发表竞选感言，我好开心！今天，我要在家好好练习，争取当上一名管理员，为班级服务！

（2）积极向上，竞争上岗

班级管理岗位新鲜出炉了！现在，摆在我面前的问题是这些岗位的职责设定。我面对的学生只有六七岁，他们有一个非常明显的特点：对任何事情都充满好奇和兴趣，但是这种激情保持的时间不长，很容易因为更新鲜有趣的事情而转移注意力。因此，如何让这些岗位上的小小管理员站好自己的岗，对自己的岗位负责，就成了极大的难题。

面对这一问题，我想：如果职责不是教师设定的，而是学生们根据平时教师的指导，以及自己在班级生活中观察所得，主动讨论设定，这样，这些职责不但不会成为学生们的负担，反而能让他们感觉到责任。于是，我又组织学生针对已设定的岗位进行讨论，把每一个岗位的职责明确到位，做到人人知晓（见表4）。

表4

分类	岗位	职责	目的
人员管理	早读管理员	带领同学有序、洪亮地早读	通过人员管理相关岗位，主要培养学生良好的责任感、沟通能力、自主的管理意识、遇事时的协作能力以及集体荣誉感
	路队管理员	整队集合，督促同学安静有序排队	
	课间管理员	监督指导同学文明休息，走廊上不跑不跳，轻声说话不打闹，不踩花台和草坪	
	广播操管理员	监督同学认真做操，不说话、不偷懒	
	眼操管理员	监督同学认真做操，不说话、不偷懒	
	红领巾管理员	每天早上站在校门口检查监督同学戴好红领巾才进校门，并坚持不取下来	
	地面管理员	保持地面干净、无纸屑	
	桌椅管理员	桌椅摆放整齐，抽屉无垃圾	
物品管理	门窗灯管理员	管理钥匙，早上开教室门，教室没人时关好门窗灯	担任物品管理职责的管理员，主要提升其自主整理物品的能力，培养良好的责任感，在管理过程中更好地自我约束，与同学间更好地沟通、协助
	图书管理员	爱护图书，无破损、无乱丢现象，保持书柜整齐	
	卫生角管理员	柜子表面干净，柜子上面的物品摆放整齐，及时清理垃圾，清洁用具摆放整齐	
	墙面管理员	保持墙面干净、美观，张贴物无脱落现象	
	讲台管理员	开关电脑和投影，物品摆放整齐，桌面干净	
	黑板管理员	保持黑板干净，课表摆放整齐	
事务管理	绒板管理员	按照学校规定主题组织作品，设计布置绒板，并保持绒板无脱落现象	在事务管理岗位，加强学生的责任感，有自主服务班级的意识，富有集体荣誉感
	作业管理员	收发作业，评比完成情况，按一定顺序发放	
	回执单管理员	发放和回收回执单，催促同学及时上交	
	课前准备管理员	每节课上课前提醒同学准备好下节课要用的学习用具	

明确了各个岗位的职责之后，学生们便开始了自主选择。

在这过程中，我制定了"自主选择—发表竞选演讲—投票决定"的民主竞选流程。这样一来，解决了方向性的问题，但是仍然会出现许多麻烦。比如，有的岗位特别火爆，而有些岗位却无人问津；学生们在竞争岗位的过程中时常表现得犹豫不决（见图1）。

第一学期

我最想管理的岗位是：＿＿＿＿＿＿＿＿＿＿
因为＿＿＿＿＿＿＿＿＿＿＿＿＿＿＿＿＿＿
＿＿＿＿＿＿＿＿＿＿＿＿＿＿＿＿＿＿＿＿

我管理的岗位是：＿＿＿＿＿＿＿＿＿＿＿＿
因为＿＿＿＿＿＿＿＿＿＿＿＿＿＿＿＿＿＿
＿＿＿＿＿＿＿＿＿＿＿＿＿＿＿＿＿＿＿＿

我的想法是：＿＿＿＿＿＿＿＿＿＿＿＿＿＿
＿＿＿＿＿＿＿＿＿＿＿＿＿＿＿＿＿＿＿＿
＿＿＿＿＿＿＿＿＿＿＿＿＿＿＿＿＿＿＿＿

图1

针对这些问题，我积极地引导学生正确认识自己，分析自己的特长，找到适合自己的岗位，这种指导重在引导和帮助学生自主做出选择，找到自己的价值感和归属感。

现摘录学生的竞选演讲词如下：

亲爱的老师，同学们，大家好：

我是伍××，我今天想来争当路队管理员！

平时，我们班排队的时候老有同学在说话，这样不仅影响我们排队的速度，也影响了班级的纪律，我一直在思考这个问题，想通过自己的努力改变这一现象。

我喜欢帮助同学，更希望让自己的班级更加优秀。因此，我来争当路队管理员。我会帮助小朋友们"快静齐"地集合，为我们班争光。我平时在路队中非常乖，希望大家给我这个机会，让我不仅自己能做好，也能帮助同学们！

请大家支持我，投上神圣的一票！谢谢大家！

通过班级岗位管理的自主选择，学生不仅认识了自我，树立了自信，自主选择能力也在潜移默化中得到了增强。

2. 逐步实施，循序渐进

教育的目的是培养一个自主管理的人，而不是培养一个需要别人来管的人。因此，我教育的目的是培养出能进行自主管理，不断提升自我，而非需要别人来监管的人。秉承"教是为了不教"的原则，自主管理的过程成了一个由扶到放的过程。自主管理的最终目标就是希望教会学生自主管理的方法，通过不断学习和练习最终学会自主管理。通过我的观察，发现学生乐于参与班级事务的管理，但是往往由于管理方法不得当而产生反效果，从而积极性备受打击。

案例：《我忘了》

卫生角常常是班级中最脏、最乱的一个地方。同学们逐渐可以管理好自己周围的垃圾，但是往卫生角扔的时候，就常常"不由自主"地乱扔。卫生角脏了、乱了也很少有人主动清理，大家都认为：这不是我的地盘。所以，卫生角管理员的工作就相当辛苦了。

刚上岗的那几天，卫生角管理员陶××兴致勃勃，每天课间按时到岗，主动打扫卫生角，中午也主动倒垃圾。可是，时间长了，看到同学们下课都开开心心地玩耍，他逐渐也忘记了自己的职责。中午，忙着看课外书，和同学做手工，倒垃圾的工作也开始往后拖，这下，班级的清洁分可扣了不少。

每次扣完分，陶××也很伤心。他说："我也知道为什么，就是总是忘记了。"

从以上案例可以看出，虽然学生很想做好自己的管理岗位，却受年龄小，自控能力不强，很容易遗忘自己的岗位责任这一点困扰，时常出现缺岗，班级事务无人问津的现象，这时就需要教师指导、引导和陪伴学生学会自主管理的技巧并逐渐增强责任感，最终实现班级岗位自主管理，提升学生的自主管理能力。

针对这一问题，我在具体的班级岗位管理中设置了一个周期，周期为一个月。其中，每周都有不同的任务及目标，如第一周，老师带着做，每天老师都会就每个管理员当天的管理情况做总结和指导，让管理员们能及时对自己的管理工作做出相应的调整。第二、三周，管理员将结为小组，在组内进行相互帮助和提醒。最后一周，将由管理员自己以及小组成员根据各管理员的管理行为评选出优秀管理员。

第一周，我先让学生明确具体的管理目标，预设管理中的注意事项，同时在老师的带领下基本解决这些问题。比如，路队管理员首先应该明确路队管理的目标是让路队整齐、安静无声，但是在管理中可能会遇到路队不整齐，有人随意讲话等情况。这时，老师告诉管理员应该提醒并帮助同学管好自己，切忌使用不文明语言和行为，简单粗暴地对待同学；当有人不听劝告时，可以运用"晓之以理，动之以情"的管理技巧进行管理。

第二、三周需要充分发挥班集体的功能，让学生明确集体与个人的关系，以集体舆论的力量来影响和约束每个管理员的行为。

最后一周，当每位学生都不同程度地体验了被集体需要和认可的快乐以后，再让他们小组内总结，欣赏别人的发光点，反省自己的问题，点燃下个月新的岗位管理热情，提升自己的管理能力。

3. 多维评价，以思促行

在管理的过程中，我积极发挥学生的能动性，为了让他们体验到十足的成就感，我还专门设立了每周一次的"管理员会议"。二年级的孩子在自主管理和约束中还存在许多问题，其中"责任感"是他们初次接触的一项学习内容。课间，在面对丰富多彩的游戏和自己的岗位管理的选择时，他们往往将自己的责任排在游戏之后，而当发现自己"失职"之后往往又后悔万分。因此，在最短的时间内，让学生对自己的岗位管理做出自我评价和他人评价是十分必要的。针对这一情况，我设置了每周五的"管理员会议"，会议上，各管理员将对自己本周的岗位管理进行自我评价，然后接受他人评价，最终根据大家的投票，评选出本周的优秀管理员。这一机制既提醒了他们，又鼓励了他们，更加强了他们的责任感，每周的"管理员会议"成了他们最为期待的活动。

（1）细化评价，导向目标

学生自主意识的培养与自我评价的意识是分不开的，因此教师设定的评价目标必须要具有导向功能。只有具备了导向功能，才会形成教育行为，也才能得到教育结果。

最初，我设计了如下自主评价目标（见表5）。

表5

岗位设置	评价目标		我管理的岗位 （在相应的位置打√）
路队	1.门口排队整齐　　2.行进过程中无说话的		
两操	1.是否在做操　　2.无说话的　　3.动作到位的		
课间	1.过廊上轻声说话　2.过廊上轻轻走路（不跑步） 3.课间无追逐打闹现象		
放学	1.快速排队　　2.路队整齐　　　3.无说话的		
自主评价	优秀	良好	还需要努力
我想说……			

这样的评价目标，只从两个维度进行了评价，显得简单粗略，而且范围狭窄，不够全面，导向性也不明确，无法达到学生自我评价和自我反思的效果。因此，课题组进行了讨论分析，经过不断尝试和调整，制定了新的班级岗位管理评价目标（见表6）。

表6

岗位	星级评价目标		
	☆	☆ ☆	☆ ☆ ☆
早读管理员	按时到校开门，并带领同学早读	管理较好，班级大部分同学都能早读	管理很好，全班同学都能专心早读，和同学关系融洽
路队管理员	按时集合整队，队伍比较整齐	集合整队声音响亮，队伍整齐有序	口令清晰，队伍整齐，没有一点声音
课间管理员	按时到岗，及时发现同学的违纪行为	认真负责，及时发现并纠正同学的违纪行为	管理有方，及时纠正同学的违纪行为，指导同学文明玩耍
广播操管理员	按时到岗，及时发现并制止同学的违纪行为	认真负责，指导同学认真做操	管理有方，做操动作整齐、安静

岗位	星级评价目标		
	☆	☆　☆	☆　☆　☆
眼操管理员	按时到岗，及时发现同学的违纪行为	认真负责，指导同学认真做操	管理有方，做操动作整齐、安静，注意手和眼的配合
红领巾管理员	按时到岗，及时发现没戴红领巾的同学	认真负责，帮助没戴红领巾的同学戴上红领巾	管理有方，同学们仪容仪表整齐、干净
地面管理员	每天至少检查1次，教室基本无纸屑	每天至少检查2次，教室干净无纸屑	随时检查，教育同学不乱丢，地面干净无纸屑
桌椅管理员	每天至少检查1次，桌椅基本整齐	每天至少检查2次，提醒同学摆放好桌椅再离开	随时检查，任何时候桌椅都很整齐，且抽屉没垃圾
门窗灯管理员	离开教室记得关灯	早上进教室记得开窗，离开教室记得关好门和灯	认真负责，从没忘记过
图书管理员	每天至少整理书架1次	每天中午和放学前整理好图书	教育同学爱护图书，无乱丢现象，书柜整齐
清洁柜管理员	每天至少管理1次，柜子上面的物品摆放整齐	每天中午和放学前整理好，干净整齐	随时保持柜子外面、上面、里面规范整齐
绒板管理员	管理好绒板内容，经常检查绒板是否完好	参与布置绒板，随时检查，无脱落现象	按要求设计绒板内容，收集选择作品，保证绒板完好无损
墙面管理员	经常检查，墙面干净，张贴物无脱落	每天检查保护，积极美化教室墙面	认真负责，有创意，教室墙面整洁美观
讲台管理员	在他人提醒下整理讲桌，开关电脑	每天记得开关电脑，整理桌面物品	爱护桌上物品，操作熟练，从没忘记
黑板管理员	经他人提醒记得	每节课都记得	随时保持黑板干净，课表摆放整齐
作业管理员	记得收发作业	收好作业后整理数目，按一定顺序放好	收发作业，检查作业，并准确评价完成情况

经过调整后的评价目标细化成了星级评价目标，这样的目标评价对低段小学生来说更详细，更容易作为可以参照的评价标准。在自主评价过程中，学生

可以通过评价目标适时适度地调整自己的行为并进行完善，最终提升自主管理水平。

（2）三维立体，全面评价

爱因斯坦说过："任何一种伟大的高尚的事物，无论是艺术还是科学成就，都来源于独立的个性。"这就要求教育者通过多种渠道、多种方式对学生进行评价，以使每个学生都能通过适合其智能特点的途径展示自己的知识和能力。

所以，我主要采用"三个结合"的方式培养学生的自主评价能力。

① 自我评价、生生评价、教师评价相结合。

二年级学生自我评价的能力还比较弱，对自己的认识和评价往往不够客观。所以，在培养学生的自主评价能力时需要将自主评价与他人评价相结合，才能让学生客观地认识自我、正确地评价自我，最终主动地发展自我。因此，我设立了每周五的管理员会议，首先管理员进行自评，然后管理员组长根据管理员每天的行为进行评价，最后是老师评价，通过学生自评、生评和师评三个方面，学生不仅明确了自己的优势和不足，也明确了努力方向，同时在管理员会议中与其他管理员进行交流，还可以取长补短，相互帮助，相互促进，共同提升（见表7）。

表7

岗位	管理员		自主评价	管理员组长评价	老师评价
早读管理员	金 峰	萱 萱	☆☆	迟到多	迟到人数多
课间管理员	益 至	可 心	☆☆	常常忘记	责任心需加强
路队管理员	昊 昀	颖 佳	☆☆☆	非常尽责	非常尽责
广播操管理员	钰 聪	舒 雯	☆☆☆	非常尽责	非常尽责
眼操管理员	晨 曦	美 蛟	☆	不知道怎么管	管理方法不对
桌椅管理员	睿 涵	千 涵	☆	需要提醒	责任心需加强
图书管理员	驰 瀚	曼 荃	☆☆	很负责	有负责心
清洁柜管理员	子 芙	若 曦	☆☆	很负责	有负责心
门窗灯管理员	思 懿	梦 娴	☆☆	很负责	有负责心
墙面管理员	名 扬	卉 兰	☆	需要提醒	责任心需加强
黑板管理员	章 政	子 涵	☆☆	很负责	很负责

岗位	管理员		自主评价	管理员组长评价	老师评价
讲台管理员	朝　阳	逢　嫄	☆	需要提醒	责任心需加强
绒板管理员	承　希	铭　蔚	☆☆	很负责	很负责
回执单管理员	亚　东		☆	忘记	经常忘记
地面管理员	博　瑞	子　涵	☆☆	认真	认真
红领巾管理员	礼　斌	梦　欣	☆	需要提醒	责任心需加强
语文管理员	胤　铭	佳　露	☆	需要提醒	责任心需加强
数学管理员	乙　洋	妍　之	☆☆	很尽责，但吼得大声	方法需改进
英语管理员	俊　峰	涵　薇	☆☆	常常忘记	常常忘记
体育管理员	骥　骥	伊　菲	☆☆	需要提醒	责任心需加强
美术管理员	思　彤		☆☆	偶尔忘记	偶尔忘记
音乐管理员	思　佳		☆☆	需要提醒	责任心需加强

② 每日评价与每周评价相结合。

a. 每日一评，及时反馈。

每天下午放学前5分钟，管理员组长会将《岗位管理评价手册》发放到管理员手中，管理员结合评价目标对自己当天的岗位管理进行评价。

b. 每周一总，总结经验。

每周星期五中午的午会时间，我召开管理员会议，管理员组长对本周管理员的管理行为进行评价。然后，学生们根据《岗位管理评价手册》写下自己在本周岗位管理中的感受、遇到的困难及下周对自己岗位的管理期望。

③ 家校合力，凝心聚力。

好的教育一定是学校、家庭、学生三方共同参与完成的。作为孩子自主能力中的重要部分，自我评价能力也是与家庭教育息息相关的。作为孩子的第一任老师，父母对孩子自我评价能力的发展起到了关键作用，好的家庭评价可以让孩子发展出积极的自我评价。反之亦然。因此，我需要与家庭形成合力，指导家长帮助孩子发展积极的自我评价，结合孩子实际，发现和肯定孩子点点滴滴的进步，帮助孩子解决成长中的困难，实现家长与孩子共成长。

4. 多岗轮换，共同成长

我每月会进行一次班级管理岗位的轮换。每位管理员在本月结束时要写下自己本月管理的心得、收获及体验，并对下一任管理员进行培训，通过分享自己这个月管理的经验和不足，与下一任管理员共同成长。

我的每月管理总结

这个月，我担任的是＿＿＿＿＿＿＿＿＿＿＿＿＿＿＿＿管理员工作。

我做得＿＿＿＿＿＿＿＿＿＿＿＿＿＿＿＿＿＿（开心/不太开心）

我的收获是：我觉得做这个工作比较困难的是：我的经验分享（我的管理小窍门）：＿＿＿＿＿＿＿＿＿＿＿＿＿＿＿＿＿＿＿＿＿

5. 学生的成效

经过几年的努力，我改变了传统的家长式的班级管理模式，逐渐形成了积极上进的班风，建立了高效开放、自由民主的班级管理制度，学生通过岗位管理的锻炼，自主能力有了很大提升。

（1）管理能力逐步增强

自从设立管理员岗位进行自主管理以来，学生自我管理和管理他人的能力得到了极大提升。从开始学习管理、参与管理到出现管理问题，调整方法，再到总结分享管理经验，学生对管理有了直接的经验和清楚的认识。学生们认识到作为管理员进行管理时，不只是一个人的事情，而是需要全班同学的配合和参与。通过持续的学习、反思和调整，学生们的管理能力得到了极大提升，管理兴趣变浓厚了，自主能力增强了。

案例：文明排队

做操的音乐响了，我故意晚几分钟到教室，想看看我们的路队管理员能否组织好学生文明排队。在办公室门口，我就听到了管理员彤彤清脆甜美的声音："稍息，立正，向前看齐，向前看""逸佳，请你不要说话，手放两边""牵手"，在几声干脆清晰的口令过后，我们班的孩子排着整齐安静的队伍下楼走向了操场……

（2）协调能力和沟通能力有了很大提升

学生在管理的过程中体会到了自身的价值、职责与义务，认识到管理不仅是自己一个人的事情，更是由其他同学的配合和协助一起来完成的。这就需要管理员在管理的过程中与他人沟通和交流，与其他同学合作，做到换位思考。这样不仅充分发挥了学生的主体性，更是增强了学生的沟通意识，提升了协调能力。

案例：文明如厕

下课铃声响，我班……同学做好了课前准备，立刻到一楼文明如厕点位进行如厕管理，提醒如厕的同学文明如厕，不挤、不喧哗，便后还提醒同学要洗手等。

（3）自主评价能力逐步形成

实施管理员岗位后，我利用每周五的午间进行一次管理总结。通过学生自评、管理员组长评价、老师评价，学生基本能够对自己一周的管理进行客观评价。这不仅提升了学生的反思能力，也提升了学生辨别是非的能力。

6. 学生已能客观地反思自我、评价自我

班级凝聚力增强，培养主人翁意识。实行管理员岗位一年来，班级面貌焕然一新，学生不文明现象大大减少，学生在管理他人、反思自己的同时，逐渐养成了良好的行为习惯，班集体凝聚力也大大增强，逐渐形成了良好班风。一个团结、民主、活泼又有凝聚力的集体，才是我们想要实现的最高的班级理想。经过这一年的培养和锻炼，我逐渐培养了这样的班集体，我很欣慰！

案例：运动会我们最团结

一学期一次的运动会开始了，孩子们来到指定的观赛地点，自发地拿出做好的加油小旗，为我们班运动员加油。啦啦队队长玥彤组织观赛的同学帮我们的运动员呐喊助威，一天下来，好多孩子嗓子喊哑了，小脸喊得通红，不管我们班的运动员是输是赢，下场后都会有孩子递上水和衣服，因为在孩子们心中已经有了这样一个信念：只要努力了，就是胜者；只要是在为我们班拼搏，就是我们的小英雄。在运动会中，孩子们紧紧地团结在一起。看到一张张奖状，孩子们流下了激动的泪水。

在学年临近结束的时候，我给家长发放了一份问卷。

孩子与"班级岗位管理"的故事

班级：_____　家长姓名：_____

亲爱的家长朋友们，时代发展到今天，对未来社会的人才提出了更高的要求。学生"自我教育"已成为现代教育的重要目标。为了创设健康有序、宽松和谐的班级管理氛围，培养学生的自主能力，为将来成为人格完善、个性鲜明而富有创新精神和创造能力的现代人奠定基础。

这学期以来，我们实行孩子们自己选择管理岗位，自主管理并定期对自己的岗位管理做出评价，不知不觉中，他们的行为习惯也悄然发生了变化。

为了更全面地了解孩子们在自主方面的发展情况，恳请您拿起手中的笔，写下你的观察和看法，好吗？衷心感谢您的支持！

_____

_____

回收的调查表显示：98%的家长都谈到学生的能力增强、积极性提高。

现在最喜欢参与班级岗位管理，因为老师给孩子提供了锻炼的机会，解决了当今社会独生子女存在的问题，促成了孩子各方面能力的提升。

——刘博瑞家长

培养学生的管理能力激发了孩子参与的兴趣，同时激起了我们家长积极配合学校工作的热情。看到我家孩子大方自信地站在台上与人交流，还能发表自己的独特见解，看到他组织小朋友布置绒板的那种严谨劲儿，我非常高兴。这一做法我想孩子将终身受益！

——刘妍之家长

（二）班级学习小组的建立

新课改特别强调把教师的教转变成学生的学，强调学生的主动发展，倡导自主、合作、探究的学习方式，让学生真正成为学习的主人。所以，我们班主任在班级中建立小组合作学习制度是必要的途径。

当前的小组合作学习存在合作浮于表面，只在上课使用，课后没有相应的合作学习任务的问题；课堂合作学习中，好的学生包揽回答，弱点的学生"跟从"答案的问题等。我在实践中是这样做的。

1. 组建学习小组

要在班级顺利开展合作学习，第一件事是组建合作学习小组，第二件事是制定合作学习小组公约。

（1）组建合作学习小组

组建合作学习小组要注意三个方面问题。

① 人员搭配。

一般来讲，小组由4人或6人组成。我班是4人为一小组，8人为一大组。平时一般以小组为单位进行学习活动。遵循"组间同质、组内异质、同质结对、异质帮扶"的原则进行分组。依据小组成员的基础知识、学习能力、学习兴趣、性别等方面的不同，让小组成员合理搭配，保证各小组实力相当。当然，这样的分组并不是一成不变的，可能会根据学生的情况定期或者动态调整，以保证小组间学生竞争的活力，增强小组内学生合作的凝聚力。

②组内分配。

在小组中，比如有A、B、C、D号学生，A号为组长，成绩优异，自律性较强，有一定管理能力，能够帮助D号学生学习。B号学生稍微逊色于A号学生，但可以作为A号学生的竞争者。C号学生又稍逊于B号学生，B号学生是他的学习目标。D号学生是本组中的"暂时落后学生"。在安排座位时，A和D为同桌，B和C为同桌。但在讨论和学习时，"A教B，B教C，C教D，A拓展"，以减轻组长A的任务，同时也让不同层次的学生在小组中能"跳一跳，够得着"。

③小组长的产生和培养。

对于小组来说，一个认真负责的组长尤为关键，那么，如何选出有能力的组长，又怎么培养这些组长呢？

首先，我们要去发现那些平时发言积极、性格外向、表现欲较强的学生，让这些学生来当组长。其次，要对这些组长进行有计划的培训：第一，教会组长进行简单又合理的小组成员分工方法；第二，在组织小组交流时，鼓励组员大胆发言，会说的先说，不会说的先听别人怎么说，等稍微有些想法时再说出来；第三，灵活处理合作学习过程中的问题，比如，在交流出现冷场时，组长应当带头先发言，起表率作用等；第四，善于激励组员，培养组长组织"夸夸一刻"，在灵活的时间，组织全体组员对当天其他组员的闪光点"夸一夸"。

（2）建设学习小组文化

①小组称号。

小组构建完毕后，组长组织组员一起讨论本组的组名、口号、组徽、组规等。在组名的制定时，引导学生起一个积极向上、有团队凝聚力的名字。而且注意班级所有小组的组名要成为一个整体，不能各自为政，随意起名。如学生喜欢起奋斗小组、卓越小组……那班主任就可以引导学生聚焦这些良好的品质和精神，其他的小组取探索、勤学、智慧等相关的组名。小组口号应该有一定的精神内涵，而且是比较响亮的句子。组规的制定，可以根据班规来，从自学到课前准备到上课讨论再到作业完成，从上课纪律到下课纪律等方面制定基本的规范要求，确保每个组员都能明确每个环节的具体要求。

② 小组文化墙。

我把教室内外可供展示的墙壁平均分为六个大组，确定主题后，各大组在本组的文化墙上自由创生。充分展示本组成员的优势，在小组中形成一个整体的心理概念。

③ 小组"爱"文化。

当小组的成员都能在小组中产生同舟共济、荣辱与共的归属感时，小组的凝聚力就能真正落实下来。所以我请各个小组都开辟了"解忧铺"和"夸夸墙"，让每一个忧虑都有人关心，每一个闪光点都有人去发现。当组员感觉到了问题有人管、优点有人夸时，那么就有了为"家"做贡献的意愿。

2. 建构评价体系

组建了合作学习小组，建设了学习小组文化，才是合作学习的第一步。即使孩子们养成良好的合作习惯，还要建构高效运转的评价体系，使孩子们明确应该做什么、怎样做，并且要长抓不懈、奖惩分明。

（1）确定评价内容

为了让孩子们养成良好的合作习惯，我在和学生讨论的基础上，制定了下面几个方面的评价内容。

① 课堂评比。

听：

a. 专心听。听同学发言要专心，边听边想，记住值得肯定的要点，并努力听出彼此不一致的地方，以待表述自己（或小组）的看法或理由。

b. 耐心听。别人发言时不随便插嘴打断。有不同意见时，要耐心听别人说完后再提出。

c. 礼貌听。听人发言如有疑问，请对方解释说明时，说话要有礼貌，用上"是否请您"或"您是不是可以"等字样。

d. 虚心听。当别人提出与自己不同的意见时，要虚心接受，边听边修正自己的观点。

e. 换位听。当同学回答有误时，换位思考，不嘲笑、不攻击他人。

说：

a. 有思考。先独立思考后再发言，不能信口开河。

b. 有中心。发言要围绕中心问题，言简意赅，有条理，不要东拉西扯，不着边际。

c. 有依据。说自己想法时，要有依据，说清楚自己这样想的理由。

d. 有耐心。别人对自己的发言有疑问时，要针对问题耐心解释，摆事实、讲道理，以理服人。

控：

a. 要服从。小组长负责维持小组纪律，组员要服从组长安排。

b. 要守律。遵守纪律，不随便离开座位，不讲与学习无关的话。

c. 要有序。小组讨论时，有次序地发言，声音要轻，以不影响其他小组学习为宜。

d. 要尊重。尊重组内大多数人的意见，个人意见可保留，但应到课后再与老师、同学交换不同意见。

课堂合作评比表如下（见表8）。

表8

小组名称	听	说	控	自评	互评	师评
智慧组						
奋斗组						
…						

② 各科作业栏。语文、数学、英语等学科的作业由科代表每天公布优秀、质劣、作业名单和欠交情况，进行加分、扣分。

③ 综合评比栏。对课前准备、早自习、课间纪律、集会、眼保健操、校服、手抄报等，优胜者加分，违纪者扣分。

④ 卫生值日栏。小组整洁可加分，偷懒、超时则扣分。

（2）开展评比

① 小组内部的评价机制。

小组内部的评价机制是一个小组正常运转的保证。在小组中，小组长负责记录全组成员的分数。上课记录好，认真听讲不走神，每节课加1分；按时完成各科作业，每科每天加1分；作业质量高，得了老师的A+加3分，得了A++加5分；讲文明，不讲脏话每天加1分；值日及时、认真加1分。以上的没按要求去做扣1分。小组内每周评出小组的冠军、亚军、季军，班级给予奖励：每人发一张奖状，个人评比栏加一颗星；每月总结出小组前三名，每人发一张奖状、一份奖品，个人评比栏加两颗星；每学期总结出学期前三名，每人发一张奖状，一份奖品，一个个人愿望，个人评比栏加三颗星。期末的班级、年级、学校的奖状按得星多少来决定，这样就把小组内部的评价变为长期的、有效的评价机制了。

②班级内部的评价机制。

在班级中，我把每个学生的荣誉和小组的荣誉紧紧结合在一起，让每个学生明白自己的言行举止对小组来说是多么重要。这样一来，当某个学生给小组扣分的时候，小组的利益就会迫使他反思自己的行为，并在压力之下提醒自己避免犯类似的错误。对经常扣分的同学，每个小组都有自己的法宝，或电话提醒，或奖品鼓励，或给予辅导。那被扣掉的分呢？当然得通过其他方面补回来。小组的积极性被充分地调动起来，一下课每个小组成员就会迫不及待地给自己小组加上发言分，并把全班小组的分数算了又算，唯恐落在其他小组的后面。

在小组评比中，我还特别注意对评比结果的运用。每天放学前，有专职的同学会把每个小组的总分公布在最后一栏，产生日冠军小组，用组名上加皇冠表示。为了调动全班小组的竞争意识，我们还选出第二名、第三名，用五角星标注。每天每个小组之间你追我赶，有时同学们为了一分都要争得面红耳赤。周五更是全班同学期待的日子，因为周冠军就要揭晓了。两个五角星等于一个皇冠，哪一组得到的皇冠最多，哪一组就是周冠军。这时，教室会立刻传出获胜小组同学兴奋的呼喊声。周一班会上，冠军小组要对上一周本组的经验进行分享，其他小组也要根据上一周情况进行反思和总结。同时，鼓励各个小组向更远的目标前进，因为还有月冠军和期冠军等着大家去摘取。

（3）实现合作的策略

当班级组建了合作学习小组，建构了评价小组的体系后，如果教师在教学过程中再注意渗透合作意识，讲究合作技巧，灵活安排合作座位，选择适合的内容和把握合作时机……这样就可以促使课堂合作学习走向"高效运行"了。

① 提高合作意识。

在小组组建后的第一时间，我就会开"众人划桨开大船"的主题班会，让学生认识合作、乐于合作、善于合作。并且在班级管理中，我会把多数的定性问题、随发性问题放权给小组解决，小组经过合作探究和交流来解决这些问题。在此过程中，我会不断强化他们是在小组中解决的，表扬他们小组集思广益，解决得很好。强化一个人解决不了，但是每个人都贡献自己的力量，问题就迎刃而解了。学生只要建立了这种意识，便会在小组中自发地进行合作、交流，慢慢养成合作学习的习惯。

接着，还要打消能力良好的学生觉得帮助别人是在浪费自己时间的错误思想，以名人的智慧激发学生在小组合作学习中好好表现。有学者研究表明：读到的东西转化率为10%；听到的东西转化率为20%；看到的东西转化率为30%；将视、听相结合转化率为50%；和其他人进行探讨转化率为70%；若是亲自去体验转化率则为80%；如果你能够将自己知道的东西教给别人，其转化率为90%。以此来让某些方面优势的学生认识到"给别人讲题，帮助别人同时也是在帮助自己"这一理念。

同时，在小组合作中还要充分调动暂时落后的学生参与小组合作学习的积极性。小组成立让暂时落后的学生有了更多的求助机会，能帮助其树立学习的自信心，小组的捆绑式评价让其意识到自己的重要性，督促其好好表现并为小组争光。

② 转换教师角色。

教师作为合作学习的组织者和促进者，在实施这种学习方式时，要掌握一定的技巧，做一个成功的引导者、促进者。比如：

a. 调控者：具备对"异质性小组"调控、促进等组织技能，及时诊断与处理问题。当学生和小组面临问题时，能进行辨别、分析，并对学生进行帮助，对学生的学习进行有效的调控和促进。

b. 引导者：通过新课导言设计、问题情境创设，激起学生的学习兴趣和欲望，让学生产生合作学习的冲动和愿望。

c. 期待者：在合作学习过程中，要巧妙地把你对学生个人和小组行为的期望传递给学生，从而激发学生的互动技能和社会技能。

d. 指导者：在合作学习过程中，要尽量多走动和观察、倾听，必要时可进行干预。教给学生一些探索、发现的方法，让学生会探索、会发现，不断引发学生的思维碰撞，把学生的探索引向深处。

③ 讲究合作技巧。

在小组合作学习过程中，教师一般是安排一定的合作程序，要求学生彼此合作，以保证小组成员进行高效的学习。学生只有具备了一定的合作技能，才能顺利地开展合作学习。对此，教师在教学过程中一定要注重指导。比如：

a. 课前进行预习时，小组内各成员都要提出自己的疑问，然后逐一商讨，把不能解决的问题汇总，以便在课堂上做交流。

b. 课中创设情境时，促使学生在小组实际合作中学会如何与他人共同完成学习任务。比如，在开始运用小组合作学习技巧时，多布置集体性作业，使学生不得不学习运用合作技巧来解决问题。

c. 课上提出问题时，小组内的成员应该先在内部互相交流，再派代表进行总结性陈述。需要注意的是，组内发言要轮流，不能由少数人"垄断"。

d. 课后布置作业时，组员要先独立试做，遇到疑难之处再互相讨论解决。无力解决的，派代表询问老师，并为小组成员讲解。

e. 小组内的组长、记录员、监督员等各种角色可以定期调换，这样能使学生在形成固定的合作习惯的基础上培养全面技能。

（4）调控课堂过程

在小组合作学习中，教师对学生课堂中的小组合作过程进行调控至关重要。教师要灵活处理各种问题：应该在什么时候介绍现在的话题，开启新的话题；如何集中个别学生的注意力；什么时候允许学生讲他们个人感兴趣但是与话题不相关的内容；以及如何抓住机会发展学生的技能，培养情趣。教师既要引导学生为达到一定的目标而努力，又要帮助学生确定他们自己的目标并为之而奋斗。教师面对的另一个难题是，既要肯花时间让学生对某个有趣的题目做更深一层的探讨，还要及时把教学活动转到下一个新内容上。实践表明，在开展小组合作学习初期，在学生中可能经常出现三种情况：闲聊（与课题不相关的交谈）；开玩笑；冷场。此时肩负引导使命的教师如果不能合理地进行组织调控，小组合作学习刚开始就有可能夭折，或者使小组学习流于形式。还有一种情况也值得注意，有时教师并没有让学生讨论，而学生却在小组里交头接耳，这并不一定就是开小差，很可能是学生已开始对讨论感兴趣，并真正尝试讨论。此时教师也同样要进行合理的调控指导。

① 防止跑题。合作学习小组在开展讨论时，当学生思维的闸门打开后，有时可能会偏离讨论的主题。教师应注意观察，进行引导，把学生的讨论引到主题上来。

② 消除误解。国外有学者研究发现，关于学习内容学生经常有误解，这些误解在小组相互影响的过程中可能会增强。这就需要教师进行监控，及时消除学生的误解，以免学生在合作学习时步入误区。

③ 防止冷场。在开展合作学习初期，有的合作学习小组可能缺乏有效组织，小组成员之间不能相互配合，出现冷场的局面。教师应当分析冷场的具体原因，指导合作技巧，激活学生的思维，鼓励学生大胆表达。

④ 避免思维懒惰。在合作学习的过程中，有的学生由于学习能力或学习态度等方面的原因，可能会过度依赖同伴的帮助，而自己不去积极主动地努力。对这样的学生，应当让他明确个人责任，引导他发挥自己的主观能动性，同时鼓励他积极创造条件，在合作学习小组中去帮助同伴。

⑤ 关注弱势学生。小组合作学习不允许任何学生游离于集体活动之外，这是小组合作学习的宗旨。但是，在小组合作学习中，可能会演变成另一种模样——各学习小组为了集体荣誉往往会出现优势学生主动讲、暂时落后学生被动听的"合作"学习模式，并且还会出现优势学生包办暂时落后学生学习任务的弄虚作假行为。这样可能会加速学生的两极分化，暂时落后学生也会在集体中找不到自己的位置，消极参与。要避免这种情况出现，一开始教师就要对小组施加一定的"压力"，在小组评价时，突出团队过程中每个学生都要做出贡献才能加分这一理念，并加强小组间的互相督促，同时给学生布置独立完成的任务和作业，为其提供一定的独立思考的时间和机会。鼓励弱势学生独立思考，不人云亦云。否则，弱势学生在小组中始终处于被动地位，没有表现的机会，其结果会越来越差。

（5）巧用"座位"艺术

进行合作学习，"座位"也是在我们班主任的探究范围之内的，用好"座位"能让小组的合作学习更为顺畅，也更容易达到合作学习的效果。

① 合作不"合坐"。余文森教授曾说："合作学习不'合坐'，照样可以进行……比如请一个同学回答问题，其他同学认真倾听，向他学习，这本身就

是一个很好的合作学习。"一般的学习还是按照过去的"秧田式"的座位。我们可以根据教学实际，建立"移动式合作学习小组"。需要合作时，可以随时移动座位，组成合作小组。移动组合时要有规则，不能乱。移动是根据合作学习的需要，而不是形式需要。我们要善于利用"座位"来促进合作学习。

② 让座位"动起来"。孩子在一个位置坐久了，对眼睛不好——有时会出现斜视、歪着头看东西等不良习惯。为了保护孩子的视力，可以用流动式座位——从第一组退后到第二组，再到第三组……而坐在最后一组的孩子则返回第一组。轮流进行，每周一变。这样，每个孩子都可以"流动"，从第一组"流"到最后一组，教室的每一个位置，每个孩子都可以坐到。

③ 巧用座位转化弱势学生。在安排合作小组的座位时，一些弱势学生常常受到一些"功利心"比较重的同学的排斥。教师要注意进行分层评价，弱化矛盾，采用"因生设座"的方式解决问题。

班级的激励管理——因自主而绽放

班主任每天面对的都是学生一双双求知的大眼，一声声甜甜的"老师好"，一颗颗期待爱护的心。善待每一个生命，让他们得到足够的爱和尊重，成为最好的自己是每一位班主任义不容辞的责任和义务。我们必须去了解生命的需求，走进他们的内心深处，让他们在激励中不断前进，尽情绽放心灵之花。

多年从事班主任工作的经历和体会告诉我，要用多种激励方式去激发学生的自主管理意识，激励学生往更高、更好、更强迈进，成为最好的自己。

（一）情感的激励

班级始于情感的流动，感情的交融。爱学习、爱班级、爱老师、爱同学……这些"爱"的背后，是班主任关心的眼神、温柔的话语、幽默的语言、信任的行动。因为，只有"爱"才能传递"爱"。

据调查，对于小学生来说，特别是低段的学生，他们最在意的是老师的认同—— 一句表扬，一个鼓励，一次赞赏。老师的认同会转化成学生对自己的认同感。学生还希望看到老师温暖的、会心的微笑，鼓励的眼神，轻轻的爱抚等。最后，学生还希望跟老师一起活动，如当老师的小助手、老师讲故事等。

根据这些，我将情感激励的方式做成了操作表格（见表9）。

表9

情感激励	😊	😭
语言	表扬、鼓励、感谢、赞赏……	指责、批评、呵斥
姿势	微笑、拥抱、眼神、抚摸……	冷漠、分离、凶恶
交往	游戏、故事、助手、交流……	拒绝、隔离、独断

我们需要注意的是在情感激励中要综合运用各种操作方式，而且注意用有新意的方式去鼓励和赞赏学生，因为小学生都更喜欢富有变化的、新鲜的方式；在表扬的过程中，要把学生具体的行为指出来，少用"你真棒""太棒了"这样笼统含混的语言，让行为与表扬的关系直接表现出来；在情感激励中，我们班主任要少用甚至不用惩罚、批评等方式。运用正强化也需要适时适度，不能滥用，以免让学生形成无论怎么做都能得到表扬的错感，这也不利于学生抗挫折能力的形成。

学生虽然年幼，但也是智慧的。他们能敏感地感受到我们的情感，当学生感受到被认可、被尊重，他们就能爆发出强大的向上的力量，形成良好的学习习惯，也为班级的建设奠定了良好的情感基础。

（二）目标的激励

一个人如果没有目标，就像航行的船没有方向，无论多努力，也是在横冲乱撞而已。在教育和教学中，帮助学生制定恰当的目标，不仅可以激发学生实现目标的热情，主动克服困难，奋发向上，自觉完成任务，还会在这个过程中提高能力，激发心理潜能，增强信心，享受到成功的快乐。我在班级管理中是这样制定目标的。

1. 让学生参与目标的制定

现代心理学研究表明：一个人对一件事情的参与度越高，其积极性就越高。在教育和教学中，我们要尊重学生的意见，让学生根据自己的实际情况制定目标，并努力实现目标。比如在班级公约的制定中，我就很注意让学生都参与到讨论中来。在执行中也不断听取他们的意见调整公约，让他们亲身感受到班级约定的责任和意义。

2. 个人目标与集体的结合

小学生的班级荣誉感是很强的，有时候班级荣誉比个人的得失更重要。所以，班主任要充分利用小学生的这一特点，将学生的个人努力跟班级的目标挂钩。比如进入小学高段后，我发现班级中经常有说脏话的情况，对同学没有礼貌，数次教育后效果依旧不明显。我通过主题班会跟学生明确文明礼貌的意义，怎样做到文明礼貌等，并商量出了"21天改变面貌"的"不说脏话"计划，每天记录全班说脏话的次数，并采取相关措施：全班连续3天不说脏话，奖励免一次书面作业；全班连续7天不说脏话，爸爸妈妈回家奖励一个大鸡腿；全班连续14天不说脏话，全班举办"奶茶派对"；全班连续21天不说脏话，则庆祝目标达成，文明礼貌我最棒，老师订蛋糕一起庆祝。学生在这次计划中，前期不断触犯"警戒线"，导致前两周都没有明显进展。但我不断鼓励他们，哪怕全班少说一次，都是进步。历时大半个学期，在不断反复和坚持中，我们班最终达到了这个21天目标。在最后的蛋糕派对上，很多学生边吃蛋糕边流泪，一边感叹达成目标的不易，一边为自己的坚持而高兴，班级的凝聚力空前增强。虽然21天并不一定就能真正杜绝学生说脏话，做到文明礼貌待人，但是这次经历一定会在他们的小学生涯中留下浓墨重彩的一笔，让他们感受到自己在集体中的力量。

3. 制定具体明确的目标

具体的、细化的、可执行的目标能够迅速责任到人，让学生直观地知道他们是否达到了目标。在班级管理中，我感受到与其不断地批判教育，让他们好好听讲，好好做作业，下课不打架，不如告诉他们怎么才算好好听讲，怎么才算好好做作业。把"好好"这个目标分解成一步步的行动，让学生以这个明确的行动目标为准绳，去塑造自己的行为。

4. 设置最近发展区目标

我们在给学生设置目标的时候，需要充分考虑学生的实际情况来制定，这样的目标才能充分发挥出它的激励作用。心理学研究表明，只有适中的动机水平，才能产生最佳的激励功效。比如，有一次，我发现一个学生语文平时都考70多分，这次却上了90分，为此，我专门把这个孩子叫到办公室表扬他，强化他努力的行为。但孩子竟然一点没有高兴感，一问才知，家长给他定的目标是95分以上才有表扬。我马上联系了这位学生的家长，指导她去关注孩子每一点的进步。后来，这个孩子的成绩慢慢稳定在了班级的前列。所以目标的制定切勿好高骛远，否则不仅达不到激励的效果，反而会打击学生的自信心。

5. 制定系统目标

我们制定的目标要遵循"大目标，小步子"的原则，小步子即近期目标，这能给学生产生直接动力。同时有中期目标作为维持长时间积极的保证，还有长期目标作为学生奋斗的方向，这样紧密相扣的目标系统，可以让学生一直保持在积极实现的水平。而学生每一次实现的小目标都让学生感受到满满的成就感。这种积极的情绪体验又会反过来激励他们向更高的目标迈进，引导学生走向成功。比如，我在管理班级中给班上学生设计了红黄蓝任务卡，每个卡片上有5个任务卡位。当学生完成了5个红色级别的任务，就可以换一张黄色任务卡，完成5个黄色任务，就有机会去挑战蓝色任务。挑战完一轮蓝色任务，会获得班级颁发的"斯巴达勇士"勋章。学生在这个任务卡的带领下，不断去挑战自己、突破自己，不断向高一级任务迈进。

（三）榜样的激励

班杜拉的社会学习理论强调，那些替代的、符号的和自我调节的过程担负着一种重要的角色。人的思想、情感和行为都是从观察别人的行为及其结果在替代的基础上所发生的直接经验那里学得的。在小学阶段，学生善于观察和模仿榜样的行为，可塑性很强。所以，我们在班级管理中也应该树立榜样，激发学生不断完善自己，努力进取，不断向上。

1. 以先进人物为榜样激励学生

先进人物的行为言语对学生具有导向性的作用。小学生现在人生观、世界观还没有正式形成，用学生熟悉的先进人物为榜样激励学生，可以让他们学习到先进人物身上的坚强不屈，不慕虚名，为人类做贡献的精神力量。现在问学生"你想成为什么样的人"，很多学生答曰：有钱人。袁隆平先生逝世时，我们在班会中进行讨论：生命的意义到底是什么？带着学生走进那个艰苦的年代，跟着袁隆平先生的脚步去体会他每一步的选择。如果其中的一个选择是为了钱，我们的时代会是怎样的？当然，钱并不是万恶之源，很多人都能用钱去做自己在社会中的贡献，比如鸿星尔克。

一次次的讨论就是一次次对学生思想的洗礼，让他们从小以先进为榜样，让他们经常用先进人物的生平事迹来检查自己的言行举止，找出自己的不足。

自觉抵制外界的不良诱惑，克服缺点以矫正自己的不良行为。

然而，由于这些著名的科学家、思想家、艺术家、革命先烈等离学生的生活较远，学生很难把他们与自己的生活联系在一起，所起到的激励教育往往就成了繁星中的一点，微不足道。因此，教师可以用学生身边的偶像来激励学生，如学生所崇拜的偶像、明星等。可以用这些偶像、明星的事迹来教育、鞭策学生，以他们为榜样来激励学生要向他们学习，有朝一日也会像他们一样成功。这样的榜样激励靠近了学生的生活，学生乐于接受，能够劲头十足，兴致勃勃地以最佳状态投入学习中。

2. 以身边人物为榜样激励学生

当然，以先进人物为榜样激励学生并不是时时都有时机进行的，说得过多还可能会出现"知而不行"的情况。所以，班主任要多从学生身边入手，树立学生学习的榜样，让学生通过观察榜样的言行举止，来感受榜样的力量。

这样的榜样不一定是各方面都表现非常棒，一个班也就那么一两个。这对那些学习和行为习惯弱点的孩子，感觉要做到这些"榜样"的难度过大，也就没有信心去做了。班主任在平时就要善于发现每个孩子身上的优点，让全班来学习。比如我班上有个非常调皮的孩子，上课时时不时就能在某个离他座位很远的地方发现他的踪迹。但是他有个优点，特别喜欢帮助同学。我就抓住机会把他树立成了"助人为乐"的榜样，有什么事，请找"助人为乐小专家"。现在，我们班同学越来越友善，整个班级中充满了温暖的同学之爱。经过半个学期，这位同学为班级做了友善榜样的同时，也让自己更多地融入班级中，找到自己的价值感，感受到集体的爱和尊重。这个"上课魔王"已经成为一个坐姿"小标兵"了。

（四）参与的激励

多年的班主任工作实践中，我发现学校每学期末进行的民主评议中，得分较高的班主任，都是平时在班级管理中比较注重调动全班学生民主参与热情的。那么怎么调动学生的民主参与热情呢？我有以下做法。

1. 发挥团队的凝聚作用

在班级管理中，我们可以充分运用班委会，及时收集、处理和反馈学生中的问题。建立小问题班委解决、大问题全班讨论解决的方式，比如针对学生中容易产生的"小拌嘴"、书笔找不到、没有红笔等问题，由班委首先尝试解决。但是，如班级班规、班干部任免、班级奖励制度、期末学生评优评先等，我们都会通过班会集体讨论来解决。把学生的想法无论合理与否都一个个写在黑板上，最后讨论、汇总。让学生感受到他的建议对班级重大问题的决策都有自己的影响力，使学生对班集体产生认同感和归属感。

2. 实施"全员岗位责任制"

"全员岗位责任制"是班主任和学生一起将班级的相关任务梳理出来，以学生自己设"管理员"的方式，全员承担班级管理。这便有了门窗灯管理员、墙面管理员、绒板管理员、回执单管理员、课前准备管理员……我们班每个学生都担任班里一个职务。我和学生还一起讨论出了岗位管理的星级评价表，建立了自我评价、生生评价、教师评价三结合的自主评价方式（详见前文）。

我们班的"全员岗位责任制"将全班同学都纳入班级管理中，弱化了班长、副班长的作用。让人人都是管理者，人人也同时被管理着，人人都有"我是班级的一员"的责任感，同时也对管理的同学多一分支持和理解。这样，在我们班产生了比较融洽的班级氛围，调动了学生管理的主动性和创造性。在这样的自主管理中，每一位学生的参与能力、组织能力、管理能力都得到大幅度提高，使班级管理与素质教育有机地融为一体，为学生将来步入社会打下了良好的基础。

以"阿蒙森"精神为核心，打造班级文化

深圳·宝安区孝德学校　姜淑心

小档案

姜淑心，深圳市宝安区孝德学校教师，党员，宝安区优秀班主任，书香教师，曾获得中小学语文教师演讲比赛特等奖，参与"一师一优课，一课一名师"课堂录制。

小见解

阿蒙森精神由来

在地球的另一端，有一个遥远而美丽的地方——南极。1911年12月，人类首次抵达南极，那一年，两个竞争团队相继出发，一个是来自挪威的阿蒙森团队，另一个是来自英国的斯科特团队，结果一支团队全军覆没，另一支团队成

功抵达。造成两种截然不同结果的原因自然不止一个，但其中一个至关重要的原因就是，那支成功抵达的团队在出发前就制订了一个计划：不论天气好坏，每天都坚持前进30公里。而另一支队伍则不同，从他们的日志来看，这是一个比较随心所欲的团队，天气很好时就走得很猛，一天能走四五十公里，甚至60公里。天气不好的时候，他们就在帐篷里睡大觉。这支每天向前30公里的团队就是阿蒙森团队，他们成为历史上第一支成功到达南极的团队，他们创造了历史。

这就是阿蒙森精神，所以我们也有了自己的班级口号：每天进步一点点，遇见更好的自己。而这个精神、这句话就像是远航中的领航灯，让我们的学习生活有了亮光。同时，除了精神口号之外，还要有一个坚定而全面的目标，所以在阿蒙森精神的引领下，作为班主任，我的班级管理目标是，不仅要培养学生的学科能力，更要培养学生的综合素养，培养学生良好的学习、生活习惯，让这些好的习惯，促进学生更加自信、健康地成长（见图1）。

图1

实践录

（一）阿蒙森精神之学习成长

2020年，特殊又难忘的一年，在疫情这段特殊的日子里，虽然没有开学，但是我的班级依然是一个集体。为了让学生们切实地感受到集体的存在和集体的力量，切实理解阿蒙森每天进步一点点的精神，我制定了一个疫情期间的学习目标，学习传统文化经典《大学》（见图2）。

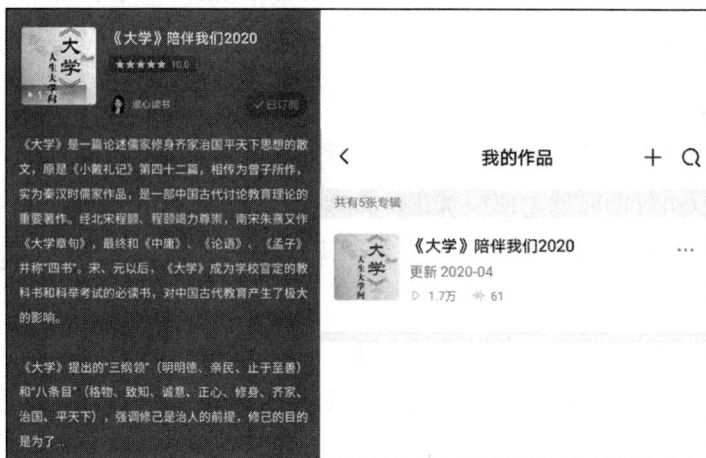

图2

以喜马拉雅App为媒介，我每天坚持录音，亲自朗读并解释，学生每天只学一句，记一句，理解一句，分享一句。通过52天不间断地坚持，最后绝大部分同学能够通篇背诵并且初步理解（见图3）。

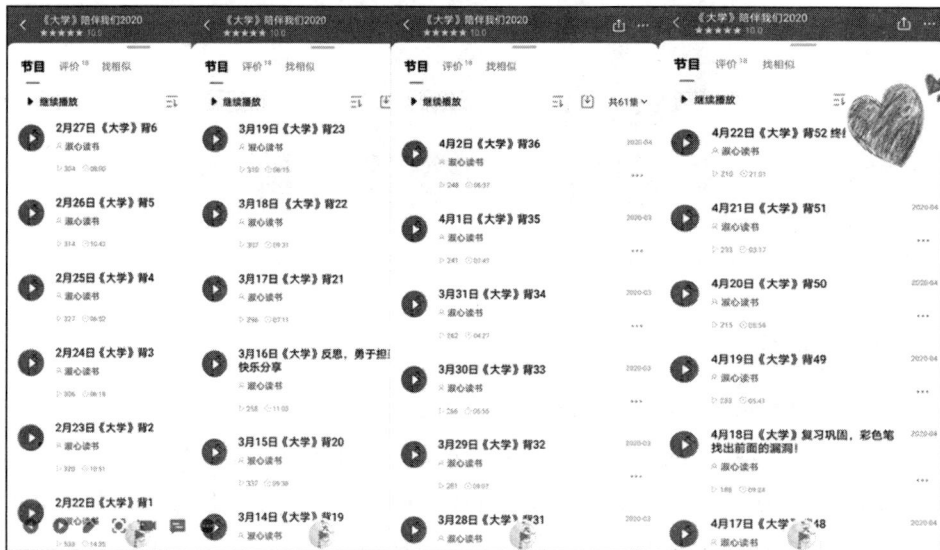

图3

在这个过程中，我们也发挥了班级的力量，建立了《大学》督导组，每三个人自愿成立一个小组，每天相互约定好时间通话5分钟，互相监督，共同学习（见图4—图8）。

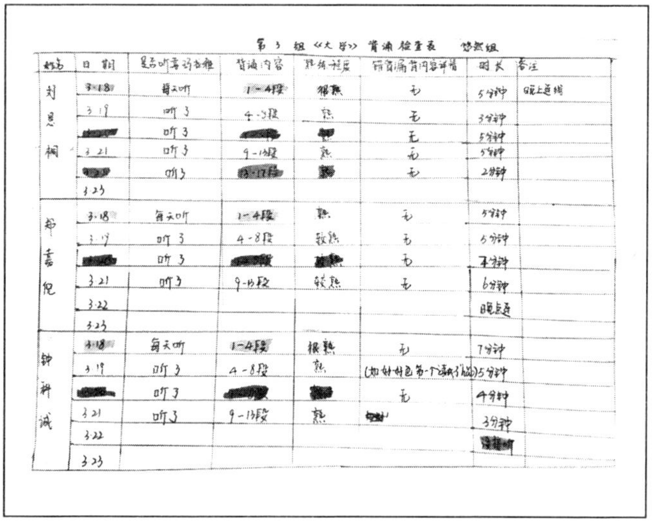

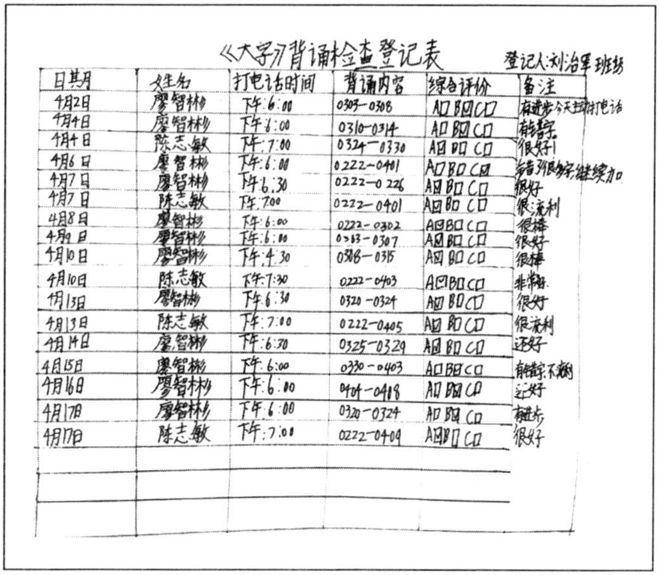

图4

图5

李明翰 楠曲本

《大学》背诵登记表

日期	姓名	听喜马拉雅		背诵内容	评价	备注
4月17日	周子熙	是	否	44－45	A- B C	
	周泽豪	是	否	44－45	A- B C	
	许敏绮	是	否	44－45	A B C	
	李明翰	是	否	44－45	A- B C	
4月18日	周子熙	是	否	复习	A B C	
	周泽豪	是	否		A B C	
	许敏绮	是	否		A B C	
	李明翰	是	否		A B C	
4月19日	周子熙	是	否	1－2	A B C	
	周泽豪	是	否	1－2	A B C	
	许敏绮	是	否	1－2	A B C	
	李明翰	是	否	1－2	A B C	
4月20日	周子熙	是	否	3－4	A B C	
	周泽豪	是	否	3－4	A B C	
	许敏绮	是	否	3－4	A B C	
	李明翰	是	否	3－4	A B C	
4月21日	周子熙	是	否	5.6.7.8.9	A B C	
	周泽豪	是	否	5.6.7.8.9	A B C	
	许敏绮	是	否	5.6.7.8.9	A B C	
	李明翰	是	否	1－16	A B C	
4月22日	周子熙	是	否	10－14	A B C	
	周泽豪	是	否	10－14	A B C	隔读错
	许敏绮	是	否	10－14	A B C	
	李明翰	是	否	10－14	A B C	
4月23日	周子熙	是	否	15－21	A B C	
	周泽豪	是	否	15－20	A B C	
	许敏绮	是	否	15－20	A B C	看书
	李明翰	是	否	15－20	A B C	
4月24日	周子熙	是	否	21－26	A B C	
	周泽豪	是	否	21－26	A- B C	
	许敏绮	是	否	21－26	A B C	要提示
	李明翰	是	否	21－26	A- B C	

图6

（大学）背诵检查表
（一星期）

日期	姓名	听喜马拉雅		背诵内容	评价
2020 3 18	张运鹏	是	否	聊天	聊天
	邹晓慧	是	否	聊天	聊天
2020 3 19	张运鹏	是	否	1－5	A 流畅
	邹晓慧	是	否	0	C 打不通电话
2020 3 20	张运鹏	是	否	6－10	A 流畅
	邹晓慧	是	否	0	?
2020 3 21	张运鹏	是	否	11－15	B 不错
	邹晓慧	是	否	0	?
2020 3 22	张运鹏	是	否	16－20	B 不错
	邹晓慧	是	否	0	?

图7

日期	姓名	打电话时间	是否有感悟与收获	背诵内容	综合评价	备注
3.19	彭云秋	20:00	☑是 □否	1—5	☑A. □B. □C	
	李夏萌	20:20	☑是 □否	1—5	☑A. □B. □C	
	张明轩	16:20	☑是 □否	1—5	□A. ☑B. □C	第七段不熟
3.20	彭云秋		☑是 □否	6—10	☑A. □B. □C	
	李夏萌		☑是 □否	6—10	☑A. □B. □C	
	张明轩		☑是 □否	6—10	□A. ☑B. □C	继续加油
3.21	彭云秋	20:00	☑是 □否	11—15	☑A. □B. □C	很棒！
	李夏萌	20:20	☑是 □否	11—15	☑A. □B. □C	很好！
	张明轩	16:20	☑是 □否	11—12	□A. □B. □C	熟练度不够！促棒！
3.22	彭云秋		☑是 □否	16—20	☑A. □B. □C	非常棒！
	李夏萌		☑是 □否	16—20	☑A. □B. □C	非常棒！
	张明轩		☑是 □否	11—15	□A. □B. □C	熟练度不够
3.23	彭云秋		□是 □否		□A. □B. □C	
	李夏萌		□是 □否		□A. □B. □C	
	张明轩		□是 □否		□A. □B. □C	
3.24	彭云秋		□是 □否		□A. □B. □C	
	李夏萌		□是 □否		□A. □B. □C	
	张明轩		□是 □否		□A. □B. □C	

图8

这期间让我最欣慰的是，这学期我们来了一位新同学，因为疫情原因大家没有办法在学校见面，但是通过这种方式，她和同学们有了非常好的沟通联系，很快地融入了班集体。同时我们也调动了家长的积极性，许多家长对《大学》的学习倾注了心力，有的家长还认真地跟我讲自己也会背了，甚至有的家长还把《大学》用在了自己公司员工的培训当中。现在每次听他们背《大学》，我都特别感动，其实说实话，我也没有想到，两千多字的古文，他们会背下来。这就是每天进步一点点带给我们的精神，是阿蒙森精神带给我们的力量。

（二）阿蒙森精神之家校共育

一切的教育都离不开家庭的影响，所以我们的阿蒙森精神不仅有口号引领，还有属于我们的独特的形象表达。

由红色、蓝色两条丝带相连组成的一个心形，代表家长和老师一条心。中间一个黄色的人形和帆船，代表学生扬帆起航。这个标志共同架起了家校的沟通桥梁。作为班主任，我在家长会中多次和家长们提出，我们就是这两条美丽的丝带，两条曾经互不打扰、互不干涉的平行线，有缘相遇，通过理解、信任将两条丝带紧紧握在一起，在有爱的环境中和熏陶下逐渐形成了心形，这就好比家长和老师的关系一样，遥相呼应，互相支持，互相理解，像启明灯，又像架起的长城般的桥梁，更像一条强有力的纽带，共同撑起一个团队，一个集体，共同带领心形下的孩子们，在爱的小船上扬帆起航，在家校的驱动下划向远方，驶向深蓝（见图9）。

图9

这就是阿蒙森精神，鼓舞人心，团结互助；阿蒙森精神也启示我们：只要一条心，身处逆境而勇于拼搏，面对危险而敢于前进，才有可能成为强者，才能获得成功。

有爱·阅读·鼓励

深圳·宝安区灵芝小学　李巧云

小档案

李巧云，毕业于深圳大学汉语言文学（师范）专业，取得深圳发展性读写差异能力测试员证书，参与灵芝小学校本教材《小豆豆识字记》编辑，曾获得宝安区"道德与法治"现场比赛、好作业评选一等奖，"少先队现场说课比赛"、传统文化微课比赛"走进传统节日端午节"二等奖，先后获"卓越班主任""魅力班主任""爱国主题经典诗文诵读展示活动优秀辅导老师"称号。

小见解

小玲工作室的信念是，读书致和，有爱有人。能在一个有爱、智慧的团体里学习，是我的幸运。每每工作室活动，都能围绕大家在班级管理问题上遇到的问题进行有序的研讨，以沙龙的形式展开，大家在舒适的书吧里有研讨、有欢笑，有吃、有喝，其乐融融。

小玲工作室的行动是，"读书"，读书是教师生活的一种重要方式。读书过程中，教师的教育教学思想不断得到洗礼，教育教学理论知识结构不断得到重塑，教育技艺得以升华。针对我们的成长计划，王老师每个学期会给我们统一购买共读书目，通过潜心阅读，让我们在育人上，交流中，多一些智慧，多一些理论支撑。

小玲工作室的语言是，鼓励的语言。俗话说："好孩子是夸出来的。"每一位新老师何尝不像一个正在长大和需要摄入营养的孩子。在教育教学中，我们在探索着前进的路，中途也有磕磕绊绊，面对未知也会有失落与惶恐。而王老师在我们学习的过程中搭建平台，鼓励、肯定我们每一次的成长，会激发我们的上进心，从而增强我们战胜一切困难的勇气和力量。王老师就是这样在心灵碰撞中，理解倾听中，真诚激励中……润物无声地完成了她对教育的使命。

实践录

静静躺着的围巾

我正在办公室改作业，班长急匆匆地跑过来跟我说："老师，B同学上课不听讲，扰乱课堂，被老师批评了，他一气之下便跑出了教室。"一听孩子又逃了，我便开始着急寻娃。我跑遍了整个学校也无结果，在其他老师的帮助下，在男洗手间找到了他。我走过去，心平气和地跟他说："你知不知道，你突然跑掉，老师会多担心你。"话音未落，他就气势汹汹地说道："你们老师还不是怕担责任，怕赔钱。"听到他说出这些不符合他年纪的话，我很吃惊，也很生气。鸡蛋碰石头，总有一方受伤，但我知道他肯定是内心有什么不如意才这么说的。所以，我没有批评他，只是摸摸他的头，跟他说："没事，找到你就好，那我带你去上课吧。"他迟疑了一会儿，但还是迈开步子跟我走了。

还没过几天，我正在午睡，被当天看管午餐午休的老师叫醒了，原因是B同学又影响纪律了。他因说话被老师批评，过后，非但不改，还故意用杯子敲桌子，发出噪声影响其他人午睡。我看他一脸蛮横无理的模样站在我面前，正准备把他领去办公室时，发现他就像刺猬遇到危险时那样，倒刺竖起，随时准备战斗，全身僵硬，任凭你怎么拉都拉不动。

这一刻让我知道，要教育这个倔强的孩子，硬碰硬是没有用的，必须先缓和下来，让他信任你，接受你的观点。于是，我便在门口跟他说："老师想帮你，但是我不了解实情，你可以告诉我吗？"他一张口就是指责和抱怨，怨老师偏心，恨同学欺负他……随后，我把他领到办公室。同事们都睡觉了，我便静悄悄地给他搬来一张椅子，拿来一块披肩，让他趴着睡觉。他也乖乖地趴下了。

铃声响起，我看见旁边多了一块叠得整整齐齐的披肩，而他已经静静地回教室了。看着这静静躺着的披肩，我想起他曾经跟我说，他没有喜欢的人，除了妈妈不批评他的时候，他才喜欢。这是一个内心多么寂寞的孩子，才导致他连自己的父母都不喜欢。是什么导致他的冷漠？我脑海里不禁浮现这么一首歌："我是一颗拒绝融化的冰，坚持不变的寒冷和清醒，我也曾经温暖，我也曾经轻柔，只是你一再地欺骗，叫我如何承受，于是我渐渐凝固成形，于是我渐渐变得安静……"

（一）解决孩子与父母联结的问题

《孩子，把你的手给我》中讲道："当孩子感到被理解时，他们的孤独和伤痛就会减少。当孩子被理解时，他们对父母的爱也更深了。"所以，从关心和照顾孩子的日常生活着手，通过照顾他、陪伴他，倾听他说话，逐步了解他，关注他的小生命。比如每天真正地用心去陪伴孩子，关注孩子，陪孩子做游戏，让孩子开心地大笑，拥抱和亲吻孩子，经常性地表达爱。一段时间后，当孩子感受到父母的爱与关注，便会更黏着父母。这时与孩子的联结就建立起来了，那么孩子也会变得主动、顺从、愿意听父母的话了。

于是，我和B同学的妈妈取得联系，从谈话中，妈妈也在反思自己对孩子的态度，意识到自己对孩子不够耐心，当孩子在家不写作业时，便以打骂为主，最后导致孩子与自己也产生了距离感。

（二）正面教育，以鼓励为主

为了拉近与B同学的距离，我采用以鼓励为主的正面教育。在平时与孩子的相处中，多关注孩子与其他同学的相处情况，发现他的长处和进步的地方，抓住他瞬间出现的好行为，加以表扬。

B同学每天因为不主动写作业的问题，给老师和父母带来困扰。有一天，我6点半下班时，发现在古色古香的日照池塘旁，有一个正埋头认真写作业的孩子。走过去一看，竟是B同学。我惊喜到连忙用手机偷拍并狠狠表扬了他，第二天还在班级里隆重表扬。随后，他的作业书写有了进步，上课也比较认真对待了。

（三）睁一只眼，闭一只眼

孩子的错误不可能立刻改正过来，过程肯定是反复的。那对于他偶尔再犯的小错误，如果天天抓着碎碎念，他也会反感。所以，只要他掀起的"风浪"不碍大事，我就会闭上一只眼，而另一只眼则加上"放大镜"来看。

比如有一天，他上课的时候，又开始坐不住了，在座位上坐立不安，左摇右摆。于是，我就表扬他的好朋友，把他周围的同学都好好表扬了一番，对他的问题一字不提。聪明的他意识到问题，便安分起来。

微笑·陪伴·等待

面对这些可爱的孩子，我想他们变得更好，想方设法地要把他们培养为"一个让别人感到幸福的孩子"。上课时，要认真听讲，让老师感到幸福；课间，与人为善，让同伴感到幸福；在路上，见到垃圾时，要主动拾起来，让同行的人感到幸福……但在一个集体里，总会有一些比较调皮好动的孩子，没那么听话。面对这些屡次不遵守规则的孩子，我试过批评，试过惩罚，试过鼓励，给予他们积极的期望。最后我发现：鼓励教育能达到事半功倍的效果。

教育孩子，其实就像牵着一只蜗牛散步，过程漫长，却需要一步一个脚印。下面就给大家分享一些我班上的小故事。

班上的大大是一个博学多才的孩子，很喜欢看书。他经常在课间坐在座位上，或者站在书柜旁，津津有味地看书。二年级的时候，就看世界名著；每次出去旅游，他都会买相关的书籍，在火车上滔滔不绝地给同行的人介绍，赢得阵阵掌声。

因为常常坐着阅读，所以他的动手能力比较弱，书写比较潦草；因为常常看书，懂得比较多，课本上的知识，对他来说是小菜一碟，致使他偶尔上课不认真听，听写、检测时，基础知识就不过关。对于这些问题的纠正，他也是常改常犯。

有一天，下课的时候，我看见他在看《影响孩子一生的101个成长故事》。我当时想，这是多么励志的一本书呀，说不定可以引导他纠正一些坏习惯。于是，我便与他闲聊起来。

师：哇……你这么厉害呀，看那么高深的书，哪个名人的成长故事让你印象最深刻？

生：……

师：那你的梦想是啥呀？

生：我想做一名科学家。

师：科学家，让我佩服的人，你知道怎样的人才能成为科学家吗？

生：嗯，刻苦学习，勤于思考的人。

师：说得真好！从你最近端正的字迹、上课认真听讲的状态来看，老师知道，你已经在为你的梦想付出努力了。

此时，我看见他那腼腆的笑容和闪闪发光的眼睛。我知道，这一次的谈话是有积极意义的。

其实，早在20世纪，美国心理学家罗森塔尔便通过实验证明：积极的期望会带来积极的结果。这被称为罗森塔尔效应，也叫皮格马利翁效应。积极的期望，其实是一种外界的支持。在遭受挫折的时候，无论是孩子还是成人，对这种力量都非常期待。反过来，缺少这种积极的期望与支持，人就会变得消极，或者在遭遇挫折后一蹶不振。

人不可能不犯错误，任何错误，只要悔改，总可以回头。心理学家说，一个错误一旦发生，就算再发火，它也发生了，我们要做的是，如何避免重复犯这个错误，并要收拾这个错误带来的残局。另外，从孩子的角度出发，他的一切都在尝试与成长的阶段，多加宽容，注重引导，不正是我们都需要的吗？如果孩子并不喜欢你与信任你，你说的一切都很难奏效啊。

最美三角关系

——孩子上学不愿起床怎么办

"立夏至，爱重逢。"经过漫长的空中课堂，学生终于可以返校与老师和同学重逢了。在这欢喜之际，却愁了一小部分的老师和家长，因为有些孩子叫不起来，这可怎么办呢？

人们常说："真正美好的关系是相互支持的。"那最美好的三角关系应该是：以孩子为中心，家长支持老师，老师支持孩子！所以，孩子的任何一个改变，都离不开家长、老师、学生三方面的共同努力。

（一）顶点——学生自我觉醒

雅斯贝尔斯在《什么是教育》中说过："只有导向性教育的自我强迫，才会对教育产生效用。"我们要把教育变成孩子主动的变化。所以，我们要在家长和老师形成教育合力的情况下，给孩子树立正确的价值观，让他们从心里想要改变睡懒觉或赖床的行为。

记得我小时候也是那个让老师头疼的经常迟到的学生，每一次总有各种不同的状况导致迟到。记得有一次中午，我又不小心睡过头了，急急忙忙让妈妈放下手边的工作，骑自行车送我去学校。尽管妈妈使出十足的力气蹬车，马不停蹄地送我去学校，可最后我还是踩着上课的铃声跑进教室。我胆战心惊地来到教室门口，看见老师和全班同学正眉开眼笑地逗着还在睡梦中的同学，我的出现，让老师收起了笑容并向我走来。老师说了什么，我忘记了，但是老师那从舒心表情到严肃表情的变化，同学们担心或好奇的目光，至今仍让我记忆犹新。从那时起，我心里暗暗下定决心，绝对不能再迟到，更不能因为自己的失误让老师生气。也就从那时起，我再也没有迟到过。

其实每个孩子都渴望被肯定，他们也渴望变优秀。他们就像一棵在土里期待长大的幼苗，而家长和老师则是匡正他们成长的枝干，一边精心栽培，一边灌溉以合适的、正确的价值观。在我们不断的扶持下，等待某一天，他自己的内心想要改变的时候，他总会悄悄地努力，慢慢地绽放属于自己的花朵。

（二）顶点——家长

1. 制定作息时间表

为了纠正孩子迟到的习惯，家长首先要与孩子一同制定科学的作息时间表，严格执行并形成习惯。清晨生物钟会成为叫醒助力，对于低年级的孩子，家长还可以用打卡、积小红花的方式，量化考核孩子的表现，有进步了则有奖励。

2. 温柔唤醒

在唤醒孩子时，家长可以选择温柔的叫醒方法，如：清晨拉开窗帘，让光线透进来，孩子的视觉系统会被唤醒；打开音频，播放优美的韵律，孩子的听觉系统会被唤醒；餐桌上飘出浓浓的饭菜香味，孩子想不清醒都难……

如果孩子还是赖床，我们不妨这样做——在唤醒孩子后，告知孩子："我们到7：30准时出发，你是愿意在家将衣服穿好，还是将衣服带上，到学校门口去穿？"孩子选择了前者，二话没说，麻利地穿好衣服下床了。

《正面管教》中提到，"预先告知"就是预先让孩子知道，如果他选择了某种行为将会有什么结果出现，那么他自然会做出明智的选择。

还有一点需要强调的是：起床是孩子自己的事情，作为家长，不能什么都帮孩子做好，比如早上叫起睡眼惺忪的孩子时，还帮他穿好衣服等，中午自己不睡，就为及时叫孩子起床……这种"包办主义"，只会让孩子养成依赖习惯，不能真正改掉这个坏毛病。

（三）顶点——老师及时鼓励

我们常说，家校合作是孩子成长的捷径。除了家长的科学唤醒，老师也要在班里制定相应的班规，若孩子屡次迟到，还可以根据之前制定的班规进行小惩戒。但更重要的是，寻找恰当的时机，如他按时到校时，及时给予肯定。

所有的鼓励和肯定，都会让孩子得到正向激励，也让他懂得守时的道理，从而使他律变自律，可以自主管好自己。

曾看到这样一句话：当孩子感觉好的时候，他更容易做得更好。我深以为然，觅得契机正向鼓励，事半功倍。

爱心育人，智慧相随

深圳·宝安区实验学校　李雪静

小档案

李雪静，中学语文高级教师。南粤优秀教师，广东省"百千万人才培养工程"初中名班主任培养对象，宝安区名班主任工作室主持人，宝安区初中教学先进个人，宝安区优秀党员。热爱教育教学事业，在平凡的工作岗位上不断进取。

（一）爱心育人，学生赢得成长

我从毕业至今，一直担任班主任工作。在多年的班级管理中，我重视和学生的心灵交流，通过系列德育活动丰富学生的生活，逐渐形成有特色的班级文化。所带班级屡次获班主任绩效考核一等奖，先后被评为福田区文明班、宝安区先进团支部、宝安区优秀红旗中队；由学生策划并主持的主题班会"沟通，让心灵插上翅膀"获区一等奖，"挫折我不怕"获深圳市二等奖，"越自律，越优秀"作为优质资源入选宝安区教育资源库，辅导学生参加各级各类征文比赛、小论文比赛均有获奖。

（二）精益求精，教学得到发展

在教学工作上，我不断磨炼，认真钻研教材教法，始终把教学质量放在第一位。2015年中考，所教九（5）班、九（6）班语文A+率分别达21.3%、25%；中途接手的（1）班，各科成绩倒数，经过两年的调整和努力，2020年中考，九（1）班语文A+率达22.2%。此外，我还注重提升自己的专业素养，曾在宝安区青年教师技能大赛中获一等奖，两次承担省级公开课。

（三）不断尝试，提高教育教学水平

为更新教育理念，我在阅读中思考，在反思中学习，发现问题，并寻找解决问题的途径。如初中男生比女生更难管理，原因是什么？有没有心理依据和相关研究？通过调查问卷发现，让人头疼的男生中，大部分缺少父亲的教育和陪伴，于是，我申报了"提升对初中生教育中父亲参与的策略研究"的区级课题，并于2018年结题；主持的区级课题"初中主题班会系列化的实践研究"于2020年7月开题；参与的省级课题"'家长进课堂'德育课程的探究与实践"于2020年9月开题。

（四）以身作则，年轻班主任获得提升

指导李博姿、丘晨老师参加宝安区2020年班主任技能大赛，均获一等奖；在过去的一年里，工作室推文近80篇，包含阅读心得、家庭教育、班级活动、教育叙事等；工作室成员获区级以上奖励或荣誉22人次；李雪静区名班主任工作室还前往贵州支教，带领年轻班主任深入学习交流，让更多人受益。

小见解

请允许我从四个方面谈我的成长历程。

（一）初心，从逃兵到坚守

2007年，我如愿通过了公务员笔试，那是两年来我夜以继日努力的成果！就在这时我生病了，有个孩子悄悄地往我抽屉里塞了一盒"金嗓子"。有个学生邀请我："老师，吃快餐对身体不好，和我回家吃饭吧！"班长说："老师，您好好休息，可以晚一点到班，我们能管理好自己的。"这一声声温暖的话语，顷刻融化了我的心。我知道我根本就舍不下这些孩子！我不会忘记，担

任班主任第一个月量化分年级倒数第一，孩子们没有嫌弃我是新手，我们一起努力，第二年就被评为区文明班。孩子们脸上洋溢着的笑容，让我相信，我是他们生命中的重要他人。这种幸福感和成就感，让我毅然放弃了公务员面试，坚定了教书育人的道路。

（二）成长，从学校到家庭

我教的语文学科是一门包容性很强的综合性学科，我引导学生胸怀大爱，心忧天下。在广泛阅读中，把语文课堂变成促进学生成长的语文天堂，不仅育分，还能育人。在班级管理中，我把"只问耕耘，不问收获"作为工作理念，把"爱心、耐心、细心"作为教书育人准则，要求自己用爱滋养孩子的心灵，用耐心包容孩子的反复，用细心感受孩子的点滴进步。都说真正的成长是学生自我成长，孩子们把"三自"即"自律、自控、自主"作为健全发展目标，每天早读、午练、自习课将这几个字投影在黑板上，偶尔谁讲话了，只要一抬头就会自我纠错。

我是两个孩子的妈妈，家庭教育自然成为学校教育的试验田，我深切地领悟到，教育不是书本的照搬，理论应该联系实际，因材施教。只有真正理解学生、关爱学生，才能得到爱的回馈，才能更好地实现家校共育。

（三）成熟，工作室与新平台

深圳是一座高速发展的年轻城市，吸引了全国各地的优秀毕业生。2019年，我的区名班主任工作室成立，22人的团队中有14位班主任教龄在5年以下。为提升班主任的科研能力，我们申报了课题"初中主题班会系列化的实践研究"，由我主持，每位成员参与其中。有道是独行快，众行远。2020年工作室推文80多篇，成员获区级以上奖励或荣誉25人次，其中1人被评为深圳市优秀少先队辅导员，1人被评为区优秀团干，2位年轻班主任获得区班主任技能大赛一等奖。我们还前往贵州支教，接待了杭州来深圳的班主任团队等。

（四）使命，永远的班主任

要真正理解教育，只有做班主任，才能突破学科的局限，让自己不仅成为经师，更成为人师。15年来，我扎根班主任工作，将来也会一直坚守。为党育人，为国育才，我将努力成为一名好的语文老师，好的班主任，好的家长，这是我的追求，也是我未来探索的方向，我将为之奋斗终生。

实践录

如何构建高效的"班级日志"制度

"班级日志"制度是在班主任的指导下，由学生对班级日常进行管理和记录的制度。它在优化班风、树立主人翁意识、提高学生综合素质、促进家长配合等方面有着积极作用。在实施该制度的过程中，班主任应注意引导学生用富有正能量的语言反馈问题，并提出建议，让其他同学感受到被尊重，从而积极解决问题，提升幸福感，最终形成和谐的班级管理模式。

（一）情景再现：充满温度的"班级日志"

"近日，我班出现男生扔粉笔的现象，李老师今天跟几位同学进行了沟通，请大家爱护公物，注意教室卫生，安全第一。明天期中考试，大家好好复习，晚上早点休息，拿出最好的状态，考出理想的成绩！今天是何同学生日，七（4）班全体师生祝你生日快乐！"

"今天七、八节语文培优的同学开始了课程，希望这次参加培优的同学珍惜机会，上课认真听讲，不负学校和老师的期望。送给同学们一句话：现在站在什么地方不重要，重要的是你往什么方向移动。"

"我对我们班同学提出以下三点建议：第一，利用课间及晚上做完作业以后碎片化的时间刷一刷数学题。上个星期，李老师已经向我们发出这个倡议，希望数学成绩好的同学能够率先行动，形成良好的学习氛围。第二，清明节假期之后，我们的英语合唱节很快就要举行，同学们一定要大声唱出来并背下歌词，抽空练习，为班级争光。第三，'我的生活我自理'活动这星期开始，今天发下来了一张登记表，请家长督促每个同学做家务，并填写在表上，持续一周，我们这个活动开展得才有意义。奋斗没有终点，任何时候都是一个新起点。相信通过我们的努力，同学们都会越来越优秀。"

……

这是我班值日学生写的班级日志。多年来，我带的班级都实行班级日志制度。最初由值日班长对班级日常进行客观记录，采用表格的方式，包括出勤、纪律、卫生、仪容仪表、作业等，一周一次量化统计，每周班会课进行总结。

后来我征求同学们的意见，大家觉得每天一页浪费纸张，偌大的A4纸只有寥寥一些字；固定表格只需要在"优、良、差"中做相应的选择，记录下来的几乎都是违反纪律等不好的事情；缺少个性化的表达和积极情绪的传递。于是，我进行了优化：纸质记录变成电子文档；查阅对象除了班主任和学生，还有群里的老师和家长；反馈内容除了几个固定项目，字里行间要有对同学的鼓励和关心，以及对班级问题的思考和建议。在实施过程中，我注重引导学生更倾向于指出班级存在的问题，而不是点名批评个别同学，白纸黑字当成记录孩子问题的铁证，把焦虑传递给家长。

学生在值日过程中也有不少收获和体会。有学生说："为了更好地写好班级日志，我要求自己在学校完成部分作业，在家也会下意识地提高效率。班级日志既让我锻炼了写作能力，还让我成为更好的自己。"还有学生表示："我不喜欢在值周反馈中写某某同学又迟到了，某某同学昨晚又有一大堆作业没有完成。如果他的父母看到了，把他痛批一顿，我也觉得不忍心，我们都是学生，站在相同的角度，不说完全地理解，也是大致知悉。我希望我值周的过程中不要大家看到我都是一副怨恨和死气沉沉的样子，而是多鼓励，多传递温暖。"

（二）分析解答：公平公开，全面发展

1. 有利于搭建公平公开的管理模式

班干部是班主任管理学生的主要助手，但在实际工作中往往出现几个人管理几十个人，甚至一个人管理几十个人的局面。班干部也只是同龄的学生，看问题有时候不够全面，如果因为某些误会造成人际关系紧张，甚至影响到班级管理，就得不偿失了。

因此，反馈的前提一定要真实。比如上课讲话，科任老师点名提醒或批评的才算；检查背书分为熟练、不太熟、老师提问时不会背但放学前已补等；作业欠交名单写到黑板上，如果和实际情况有出入，可以去班干部处纠正。俗话说，"不以规矩，不能成方圆"，只有依据实际情况制订相应的量化考核方案，公平公开地接受全体同学和家长的监督，中考前的操行评定才能服众。

2. 有利于减轻班主任的工作负担

"教师的劳动，是一种科学的也是艺术的创造。"在班级管理中，只有树立全面放手的思想意识，让学生自控自主地学习和管理，该减的减，该丢的丢，把思考、体验、说话的权利还给学生，班主任在解放自己的同时，才有更多的精力投入教育教学研究中，才能和学生一起成长。

3. 有利于形成家校合力

教育是一项系统工程，需要家庭、社会和学校共同承担责任，彼此协调和衔接，才能真正教育好孩子。学校教育侧重于知识和学习能力的培养，家庭教育主要是对人格和品质进行塑造。家长上班忙碌，班级日志可以让家长更全面地了解孩子的在校情况，满足家庭多样化教育的需求，促进家校沟通，从而达到家庭教育与学校教育的融合。

（三）策略引导：正面引导，积极反馈

1. 值周班长+轮流值日

我班的值周班长，每半个学期，根据期中、期末成绩及表现，由同学们选举产生。值周班长选举轮换，可以激发同学们的上进心，有利于班级管理的稳定，形成学比赶超的学风。班级日志制度设立之初，同学们不知道怎么反馈，值周班长挑起大梁，每人反馈一周，第二天在班上交流。经过几位值周班长的尝试，同学们对反馈内容、表达风格都了然于心，轮到自己反馈的时候，就能游刃有余。

我们班有个纸匣，里面有全班同学的名字。我们采用抽签的方式，让每个学生轮流参与班级日常管理，如果有同学忘了，则由值周班长提醒。只有人人参与，才能使学生都有机会为班级服务，都能得到锻炼，使班级管理的效能达到最高，真正实施民主管理和自主管理。那天，看了一个孩子在班级群里的反馈，我点了个赞。不久，孩子妈妈给我留言：李老师，孩子从小到大都没做过班干部，更不要说在公众场合表达。真没想到，她写得这么好，感谢你给孩子机会，让她可以展示自己。

2. 量化统计+班会总结

我班的班级日志大致分为五个部分：出勤纪律、作业卫生、教学反馈、班级亮点、我的思考。课间时间较短，值日学生经过细致观察，在学校只需客观记录前三项，"班级亮点"和"我的思考"这两项由值日学生回家后经过深思熟虑写下来，并发到家长群里供同学、家长、老师查阅。记录情况每周量化统计一次，并在当周的班会课上进行总结。

在实施过程中，班主任要注意引导值日学生有温度地反馈班级的真实情况。记录要客观、规范，既不走过场，也不回避问题。比如某某同学的作业没

交，我们在反馈的时候会问清楚原因，如果孩子说没带，记录的时候就会在名字后面打括号，注明没带，方便家长核实并更好地督促。当然，我们的重点是记录班上的亮点和幸福时刻，比如，"夏天到了，建议同学们每天多带一件衣服，及时更换，避免感冒"；"近期疫情有抬头迹象，同学们尽量不要去人员密集的地方，出门要记得佩戴口罩"；"今天我们班拔河比赛获得一等奖，祝贺（4）班，感谢为班级赢得荣誉的同学"。

每天的客观反馈与积极引导相结合，借助舆论建立激励机制，鞭策学生逐步实现"自律、自控、自主"的班级养成目标。

3. 定期考核+家校联动

班级日志触动最大的首先是值日生本人，至少在反馈当天他要严格要求自己，同时仔细观察班上的人和事，对不良现象和好人好事做出适当的评价，结合班级当天的"大事"表达自己的思考。在这个过程中，他能"见贤思齐，见不贤而内自省"，如当他提醒同学们期末考试只剩一个月要开始复习，当他建议同学利用碎片化的时间来背英语单词，当他表扬班级有不少同学放学后去操场跑步时，我相信不管对其他同学还是对他自己，鼓励的同时也是自我约束的过程。因此，每过一段时间，我们都会针对学生自己的反馈进行考核，考核标准是自己反馈的、建议的，做到的越多，进步越大，等级越高。

班级日志不仅反馈学生的在校情况，也反馈教师的教学，可以最大限度地促进家校沟通，实现家校共育。如班级日志的"教学反馈"部分，我要求语文课前抽查作文积累，有时候课程比较紧，省掉这个环节直接上课，当天的反馈就会看到"今天语文课没有抽查背诵"。上周我去做核酸检测，排队的人太多以致上课迟到10分钟，我请英语老师帮忙看了一会儿班，那天的反馈孩子写道："今天语文课老师没在班上，课堂纪律有待改进。"像这种情况，孩子的反馈不是事实的全部真相，我会在群里说明情况并向大家道歉。家长们很理解，家校沟通更加透明。

只有做到公平公开、实事求是，关心每个孩子的成长，保证每个孩子的说话权利，让大家一起参与班级管理，才能使班级日志始终处于良好的运行状态，从而保证班级日志制度实施的效果。

用智慧管理班级，用爱教育学生，
用等待静候孩子成长

深圳·宝安区黄麻布学校　刘海梦

小档案

　　刘海梦，现年40岁，本科毕业于河南省南阳师范学院数学与应用数学专业。2004年参加工作，已有10多年的教学工作经验。在工作上，带过6届六年级，4届五年级。先后担任过6年的班主任、5年的数学科组长和6年的大队辅导员，有1年教科研副主任经验，主持学校的教师培训、课题研究、职称评聘和学籍管理工作。现任黄麻布学校四年级数学教师，兼任数学备课组组长和班主任。组织策划过班级活动、校级活动、街道级活动和区级活动。由于工作的不断变换，锻炼了自己的沟通能力、组织策划能力、协调能力，更主要的是拥有团队合作精神；不同的工作更能锻炼领导能力、人际交往能力等。任职期间得到学校领导的一致好评。工作忙碌但很充实，教学辛苦但很幸福。

工作期间先后获得宝安区关心下一代工作先进个人称号、宝安区年度优秀教师（2次）、宝安区优秀少先队辅导员、宝安区德育论文比赛二等奖、宝安区小学数学实践性作业一等奖、福永街道先进教育工作者、福海街道先进教育工作者、福永街道教育系统小学第四届数学教坛新秀、福永街道优秀少先队辅导员（4次）、福永街道数学教学大赛二等奖、福永街道小学数学教学论文比赛三等奖、福永街道新班主任德育故事评选二等奖等荣誉。

从教10多年来，在学习上，非常重视个人知识的积累和完善。无论是大学还是后面的学习进修，都认真学习专业知识理论，参加社会实践活动，建立了较合理的知识结构，在各方面都取得了较大的进步，多次为同学、同事解决专业知识方面的难题，探究方法，共同进步。

拥有扎实的专业理论基础、动手实践能力、良好的组织能力、团队协作精神和务实的工作作风。

做事专注认真，不轻易放弃；做人随和谦让，真诚对待身边的每一个人；生活乐观阳光，爱家人，更爱家庭；工作积极努力，相信办法总比困难多。

小见解

做班主任是一份重要的工作。在我看来，班主任是除了学生父母之外，人生中要遇到的重要他人之一。学生来到学校，分到班级里，班主任是在校陪伴孩子、教育孩子时间最长的教师之一。特别是小学阶段的班主任，对孩子的良好习惯的养成、优秀品格的培养都有着举足轻重的作用和潜移默化的影响。

做班主任是一份长久的工作。十年树木，百年树人，班主任虽说是学校最小的主任，却担当着最大的人生责任。我们所肩负着的是为孩子的人生奠基、为孩子的成长铺路的重任。要成为一名合格的班主任，我们要严慈相济，更要能与学生一起成长。孔子曰："其身正，不令而行；其身不正，虽令不从。"班主任要特别注意自己的一言一行，要求学生做到的，自己就要先行一步，给学生树立一个榜样。还要了解班里的每一个学生，及时洞察他们的内心动态，疏导情绪，对待学生多一点理解和尊重，多一点表扬和鼓励，多一点体贴和温暖。

班主任工作是一份快乐的工作。每天看着孩子们在自己的带领下学习、相处、活动，按照自己设想的样子慢慢成长，快乐学习，是一件再开心不过的事情了。在这个过程中，可能有辛苦、忙碌，更有各种无法预料的挑战，但无论经历了什么，对我们和学生来说又何尝不是一次次的历练，一段段可以一生回顾的精彩记忆呢？

班主任工作是一份良心活。与很多工厂工人所面对的冷冰冰的机器产品不同，班主任每天面对的都是拥有不同性格特点的可爱的孩子们。我们的任务就是教育他们成长成才，在这个过程中，班主任付出努力的多少、汗水的多少，全看自己，别人无法左右也无法干涉。就像病人躺在冰冷的手术台上一样，唯有相信医生，才能坦然面对。所谓医者父母心，其实做老师也一样。唯有真心，才能换来孩子们的真情和爱戴。

班主任工作是一份幸福的工作。班级里的每一个孩子都是自己工作中很得意的作品。用几年的时间，能把班级里50个孩子培养成懂礼貌、会学习、能合作、有爱心的学生，相信大家的心中一定会自豪满满，幸福满满。

实践录

10多年的工作历程，6年的班主任工作，见证了孩子在自己带领下的成长和蜕变，这其中有懂事乖巧的强强，有聪明勤快的晓峰，有性格孤僻的轩轩……正因为有了他们，才使得我这么多年的班主任工作收获满满，才让我在班主任工作的道路上充满挑战和机遇，并一路前行，且越行越远。回想起这么多年的工作，有很多经验想与大家交流和分享。

（一）做班主任要有童心，只有有童心才能唤醒更多孩子

快乐成长的另一种打开方式

孩子的成长过程有快乐、有伤心、有难忘……作为伴随孩子在校园学习的班主任，在这次网课学习中，我找到让孩子快乐成长的另一种方式。

"刘老师，咱们班的浩宇（化名）这段时间进步很大！别的孩子上网课之后成绩直线下降，浩宇却是越来越好。"期中检测成绩一出来，我们几个科任老师都在办公室夸浩宇。回想起近三个月网课期间与浩宇相处的点点滴滴，感到自己的辛苦都是值得的。

　　上个学期的浩宇，给我的感觉就是不爱讲话，成绩中等，在班里也只是一个默默无闻的孩子。既没什么事让老师记住名字，又没有什么特长让同学们印象深刻。

　　自从上了网课，似乎为他打开了与老师、同学沟通的另一种方式。一进入钉钉，浩宇都会提前在屏幕上打上"老师好"三个字，刚开始，我会礼貌地回上"浩宇，你好！"，对于浩宇来说，刚开始的问候，可能只是试探，觉得这是很好玩的一种沟通。倘若我因为忙，不去回复，可能就会错过改变孩子学习和成长的一次次机会。因为我的一次次不经意的回复，慢慢发现：我与浩宇每天在钉钉里面的聊天内容，不仅仅只是问候，里面还有浩宇对于课堂知识的理解，有在家上课趣事的分享，有自己心事的吐露，有自己苦恼的求助……

　　记得有一天早上，还没上课前，浩宇突然发了一个大哭的表情给我，我连忙问道："浩宇怎么了？"从和他后面的聊天中我知道了，浩宇的爸爸妈妈昨晚因为一些小事吵架了，他又劝不住父母，导致浩宇一个晚上都不开心，睡不着。为了不影响老师的休息，第二天一早才发信息给我，希望能从我这儿得到帮助。等到上完一天的课后，我就给浩宇的爸爸打了电话，跟他讲了懂事的浩宇的苦恼。浩宇的父母也因他的暖心行为而有所改变，一家三口又回到了往日的和谐与快乐。

　　经过此事后，我们每天聊天的次数增多，似乎成了无话不说的老朋友。虽然网课期间的备课、录课、直播和作业批改占据了每天生活的大部分时间，但每每浩宇的信息弹出来时，我还是克服困难，用一种朋友的身份去回复、用长辈的口吻去关心，帮他解决学习、生活中的小问题、小困扰。

　　俗话说：亲其师，信其道。浩宇的改变也许是在我们看似普通的聊天下改变的，他的这种改变有对老师的尊重和信任，更有对世界美好生活的向往与期待。作为教师的我们不仅仅要关注孩子的学习，更要关注的是孩子生命、生存和生活的"三生教育"。教育不需要通过轰轰烈烈的活动、大事去完成，往往就在我们点点滴滴的生活中缓慢发生。

　　根据马斯洛的需要层次理论，我们知道：在满足孩子生理需要、安全需要、归属需要后，孩子们则会追求自我实现和被尊重的需要。在与浩宇的聊天里，我看到了一个长期在家而无人与之沟通的孩子的渴望、看到了幼稚童心下一个孩子对老师的信任，更看到一个在校园里默默无闻的孩子的丰富感情和纯净内心以及对老师的信任与热爱。一些在我们看来不算什么的聊天，却改变了一个孩子的成长历程。

重回校园后的浩宇，带给我的惊喜不只是一点点：成绩的突飞猛进（期中考试班级前五名）、课堂上不再是那个默默无闻的少年，敢举手、爱表达、特自信。这不就是我们希望的每个孩子应该有的样子吗？

孩子的快乐成长方式有很多，父母陪伴、活动经历、生活历练……然而在疫情下的网络课堂，作为班主任的我似乎找到了另一种方式——打开学生的心门，用心沟通，恰当交流。隔屏不隔爱，隔距不隔心。

如果说通过近三个月的网课我改变了像浩宇这样的孩子，不如说浩宇也成就了作为班主任的我，因为这段时间的空中课堂，我找到了教育孩子的另一种方式，明白了很多教书育人的道理，悟出了教育的真正目的。作为教育工作者的我们，只有时刻保持教书育人的初心，做学生成长路上的引路人、陪伴者、倾听者，让孩子在成长的路上多一分快乐、少一点戒心，多一分信任，少一点敌对。无论是线上还是线下，孩子都能快乐成长。无论是空中课堂还是校园学习，孩子都能自信学习、开心生活。

（二）做班主任要有计谋，要用不同的方法教育不一样的孩子

我和轩轩关于拳头的约定

1. 案例

"老师！老师！轩轩又跟其他同学打架了！"班级的纪律委员气喘吁吁地跑到办公室向我报告，这已经是今天我接到的第三次打架报告了。这是一年前我刚接手轩轩的状态，回想起来，作为班主任的我仍心有余悸。

通过一年的努力，轩轩这种经常打架、爱与人起冲突的小毛病得到了很好的改善。一年多来，轩轩父母的电话成了我手机电话簿里通话记录最多的号码，但这一路走来的辛苦还是值得的，轩轩跟我、跟妈妈成了无话不谈的好朋友，跟自己的爸爸成了"好哥儿们"。

孩子总与人发生冲突该怎么办？希望关于轩轩的故事可以帮到你。

在我一年前接手这个班级之初，就有同事告诉我说，你们班的轩轩需要你特别关注，很爱打架。果然，在我接手不到一个星期，轩轩已经多次因与别人发生冲突而被其他同学投诉到我这里。每每接到学生投诉，匆忙赶到教室，都能看到大拇指朝外紧握拳头，具有攻击性的轩轩面红耳赤地站在那里，似乎没打赢决不罢休的样子，既劝不动也拉不走。这种用拳头解决问题的方式，深深地伤害了班级的其他孩子，轩轩自己也因此很受伤，不怎么受大家的欢迎。作为班主任的我很想改变这样的状态，改变这个爱用拳头解决问题的轩轩。

2. 支着儿

面对这样的孩子，我采取了以下措施。

（1）深入家访，了解原因

面对这样一个爱与别人发生冲突的孩子，只有详细而全面地了解他的成长环境和家庭情况，才能从中知道孩子这种行为背后的成因。

开学第一周的周五，在事先沟通过后，我跟随轩轩来到他家，轩轩家住在学校附近的城中村，一家三口挤在一房一厅的房子里，房子虽小，却被妈妈收拾得井井有条、干干净净。来到轩轩家，只有妈妈在家。通过与妈妈交流知道：孩子在未上小学之前，一直放在老家由爷爷奶奶照顾，上学之后才接到深圳来。轩轩爸爸在一家企业做中层管理人员，经常早出晚归，妈妈为了照顾孩子上学，在家附近的超市上班，父母都为了生活而辛苦工作，轩轩平时的生活、学习只有靠自己，对于学习上不懂的问题，可能要等到周末爸爸有空时才能解答一二，但爸爸对于孩子的学习耐心不够，往往三句话说不到就会动手教训。妈妈对轩轩却是极其宠爱，衣来伸手，饭来张口。这似乎也是现代独生子女家庭的常态。

看来轩轩在学校与同学相处之所以演变成这种状态，与家庭教育和孩子的成长环境有很大关系。虽说每个人的性格没有好坏之分，但性格却对一个人的成长有很大的影响。

（2）家校沟通，商量对策

在与轩轩妈妈沟通了解了情况之后，我也介绍了孩子在学校的一些情况：轩轩很聪明，就是爱与别的小朋友发生冲突，喜欢用拳头解决问题。为了这个聪明而又调皮的轩轩，我又抽了一个周末时间，把轩轩的爸爸妈妈约了出来，面对面交流，告知孩子教育的重要性和紧迫性，孩子才是父母以后的希望和骄傲。如果孩子没教育好，挣再多的钱也没有用。

结合轩轩家的情况，我给出了这样的建议。

父母是孩子的第一任老师，父母的行为对孩子的影响是潜移默化的，所以父母在孩子面前要学会控制自己的行为，特别是轩轩爸爸爱打骂孩子的行为。通过轩轩来校之后的告知，让爸爸在孩子和老师的监督下，改掉坏脾气，学会与孩子、与家人通过沟通解决问题。

对于妈妈的溺爱，我的观点是，温柔而和善的正面管教，面对孩子不合理的要求和需要，学会拒绝，面对孩子不良的卫生习惯、不规律的作息时间，要学会坚持，让孩子明白并感受到妈妈那份严格背后的爱，为的是让孩子养成好的学习、生活习惯。

最重要的一点，父母抽时间多陪陪孩子，周末带孩子一起爬爬山、看看电影、逛逛公园，让孩子在行走中学习知识，在与父母的相处中感受到爱与快乐。特别是像轩轩这种留守儿童，只有让他感受到父母的爱与关注，他才能感受到亲情的温暖，感受到父母陪伴的幸福，感受到被人关注的快乐。

我也会隔三岔五问轩轩，爸爸妈妈有没有经常陪伴他，爸爸有没有再打他？只有这种经常的良性互动，才能在家校之间建立一份信任和支持，才能共同助力教育好孩子。

（3）教给方法，学会控制

其实孩子之所以经常与人发生冲突，除了性格原因之外，可能与我们对孩子的关注度不够，孩子缺少来自周围的爱与被爱，想通过打架这种方式让老师与父母多多关注自己。

（4）暗号提醒

为了让轩轩学会控制自己的情绪，我和他建立了一个关于拳头的约定：

只要在学校看到轩轩要与别人发生冲突时，我都会在一旁举起一只手，做出"四"的样子，然后把四个手指弯下盖住大拇指。轩轩在老师的引导下，慢慢放下攻击的拳头，学会沟通的方式，解决与同学的矛盾。天长日久，轩轩与人发生冲突的行为越来越少了。

3. 拳头控制

我告诉他说，当你控制不了自己的情绪时，深吸一口气，弯曲自己除大拇指以外的四根手指向掌心盖住自己的大拇指，让自己平静下来，让自己的拳头没有那么强的攻击性。用自己的拳头锁住攻击力强的大拇指，用友善的一面对待同学，用大度的一面解决矛盾，用克制的一面面对愤怒。

4. 奖励强化

轩轩能控制住自己的情绪次数越来越多，我在班里表扬他的次数越来越多，轩轩的爸爸妈妈满足轩轩愿望的次数也越来越多。同时我也把这种方法通过轩轩教给了爸爸，让爸爸跟孩子一起学会控制情绪。轩轩在老师和父母的一起努力下，变得学会克制情绪、学会控制拳头，做回了那个人见人爱的小男孩。

（三）做班主任要有记录，在记录中见证孩子们的蜕变

小日志大管理

——班主任的班级管理模式探讨

我给大家带来的是一个关于班级管理的分享，题目为《小日志大管理》。

分享主要有以下四个方面的内容：①何为日志。②日志的设计。③日志的用法。④日志的功效。

1. 何为日志

日志是日记的一种，多指非个人的，一般是记载每天所做的工作。而班级日志则指的是对班级每天发生的事及孩子们在校（课堂、作业、课间、行为等）表现的记录，有的兼记对这些事情的感受。之所以选择用日志来记录学生的行为表现，进行管理班级，主要原因在于：经过记录，孩子的好坏行为都有迹可循，孩子的评优、评先都变得有章可依。

2. 日志的设计

因为日志是孩子们一天表现的记录，所以无论在哪所学校，刚接手一个新班级时，我都会根据学校的作息时间和班级的实际情况来设计适合本班的个性化班级日志。

在灵芝小学时用的日志，根据时间和类别分行设计，需要评价好坏的，用表扬批评记录，加上值日班干部的值日感言和班主任今天对学生及值日生的评价。不同学校的作息时间和每日活动不一样，所以日志也应做相应的修改。

3. 日志的用法

设计好了日志，接下来就是如何用班级日志了。日志的用法分为三步：记录、反馈和沟通。

每天选择得力的班干部，根据课堂上学生的表现和老师的提醒做真实、详细的记录。这份日志有学生表现，也有值日班干部和班主任的记录。

记录好之后，就是通过各种途径反馈，把每天的日志拍照放入班级微信群、QQ群或钉钉群，再配上一段与之相符的老师的话，反馈每天孩子在校的表现，与家长交流沟通。人们常说，沟通也是一门艺术，只有写从学生的角度出发、为学生长远着想的话，家长才愿意听，才愿意看。通过图片和文字的反馈，家长可以清楚地了解每天自己孩子在学校的表现，是好是坏一清二楚。家长既能看到自己孩子的表现，也可以看到其他孩子的表现，更能理解老师在学校的辛苦和不易。

通过记录、反馈和沟通这样几步，老师、学生和家长之间构建了一个交流的平台。通过班主任的集中反馈，家长了解了孩子的在校表现，节省了其他科任老师反馈孩子情况的时间，减轻了老师们的工作负担。

4. 日志的功效

实施日志反馈以后，班级管理的效果有了明显的改变，日志的效果还是很明显的。

日志管理改变的不仅仅是家长、学生，更改变了老师。家长通过日志反馈，能根据孩子的表现针对性地进行教育，改变了之前家长教育孩子时的无道理、无根据的状态，让家长的教育更有效。通过日志的沟通，在家校共育的情况下，学生的问题行为和习惯逐渐变好，对于一些在校表现不是特别好的同学，出格行为也会有所收敛。表现好的孩子会越来越好，孩子们都朝着好的方面发展，整个班级的风气也越来越好。班主任的改变应该是最大的，班主任通过日志了解了学生每节课的表现，每个课间的行为动态，通过反馈了解了家长对孩子学习的态度，方便班级管理时因材施教。正因为有了这样的模式与记录，其他科任老师上课时学生的纪律与参与度得到明显提升，上课轻松、效率高。

通过日志，改变了家长的认识和观念，接着改变了他们的行为。家长对孩子的教育越来越上心，对老师的教育越来越配合，越来越理解，越来越肯定。

对于学生来说，首先是改变了他们的状态，特别是经常被发到群里批评的孩子，心里面肯定不好受，就会有所触动，有了状态转变后，学生行为也就发生改变，最后改变的是习惯。

举个例子来说，我们班有个男孩，他住在离学校不到200米的小区，走路也就5分钟，可还是每天迟到，单独跟家长沟通后，效果也不是很明显。自从我们班上开始实施日志记录反馈后，因为孩子不愿意天天榜上有名，父母更不愿意在群里天天看到孩子的名字，父母与孩子行动起来，调整了孩子的作息时间，迟到的情况越来越少，直到正常。

我在灵芝小学刚接手这个班时，很多科任老师向我反映班级上课的纪律不是特别好，我自己也有感觉。因为到了六年级，学生也越来越浮躁，如果没有什么特别的方式让他们为自己的行为买单，孩子的坏行为可能不会有所改变，于是日志管理改变了学生，让学生知道自己做了好事或坏事，自己的父母都会第一时间知道。

其实我觉得实施日志管理班级后，我的教育方式和心态有了很大的改变。之前教育学生是棍棒教育，学生可能当时会改正错误，但这样毕竟治标不治本，后来改用日志管理后，我的教育多了一个帮手——孩子的家长，对孩子的教育方式更多的是与家长交流，反馈孩子的问题，提出教育的建议。

同时自己的教育心态不再急躁，因为学生身上的小问题不是一天两天就有的，我们要学会等待，让孩子在日复一日的沟通交流中慢慢改变，让教育慢慢发生。

经过一天天、一周周、一月月的记录、反馈和交流，我发现自己在教育孩子方面积累了很多有用的东西，从一张张有魔力的小红卡到互助合作小组，从改变一个爱迟到的学生到班级学习风气的逐渐好转，有很多事情做起来更得心应手了，孩子们更听话了。

一张小小的日志，它既是老师联系家长的纽带，更是学生行为习惯的反馈，无论你记不记录，学生的表现都在那里，但记录和不记录的效果不一样，作用也不一样。

在我看来，教育不应该是班主任或者教师的单打独斗，而应该是一个家校共育的过程，是一个家长、学生和教师共成长的过程，还应该是学生逐步学会自我教育的过程，希望这张小小的日志发挥出它的最大作用，服务于教师，服务于教育。

（四）做班主任要有巧法，让孩子始终有快乐学习的不竭动力

网络课堂，学生坐不住怎么办

因为疫情的关系，2020年的春节我们经历着不一样的寒假，感受着不一样的教学。之前离我们似乎还算遥远的网络课堂，在我们还没完全准备好的情况下悄然而至。

作为网络课堂的发起者和观看者的双重身份，对网络课堂既爱又恨。爱它信息传输的便捷、课堂反馈的快速、信息呈现的多样和沟通交流的通畅，恨它发展太快，老师和学生还没做好准备，就要去适应这种教育和学习的方式。

一天连着几节的网课，学生难免会坐不住，这时作为发起者的我们该怎么办呢？

1. 设计精彩的课程，让孩子做到有动、有静

在这两周的网课上，我始终设计一些有看、有写、有画的课程。如我在第一天的网课上教学的是"传统文化中的数学——鸡兔同笼"时，首先播放了一段有关鸡兔同笼问题的视频吸引孩子们进入课堂，接着让孩子们用自己之前学过的方法画一画，最后提出"假设笼子里全是兔"能不能解决，这样一节课30分钟下来，孩子们的听课时长空前地好，出勤率也很高，所以课程设计很关键。

2. 张弛有度的课堂，让孩子有自由、有空间

一个班级的网络课堂群其实跟真正的学校里面的班级还是有着明显的不同。在学校，我们可以随时看到学生，在网络课堂中，我们只能面对着屏幕与学生和家长交流，这时孩子学习的自觉性和坚持性一方面取决于家长的监控与要求，另一方面来自老师的课堂组织是否能让学生主动参与。

作为老师，网络课堂不同于实体授课，节奏还是要慢一点，留给孩子足够的时间去思考和学习，给足空间让他们想象和自主发挥。例如，我在准备"纸魔方"这一内容时，只给自己10分钟的时间，剩下的30分钟留给孩子们自己探索、操作，动手又动脑的课堂收到了不错的效果。

3. 及时鼓励，让孩子有目标、有成就

美国著名心理学家马斯洛的需要层次理论告诉我们：每个孩子都有被尊重和自我实现的需要。在我的课堂中，我会告诉孩子们：只要老师把你的课堂

作业选为了优秀作业，只要你的回答老师很喜欢，那么请你把老师的表扬记录下来，等到真正开学之时，老师会有一些实质性的奖励。这样一来，无论是直播连线还是在线提交作业，孩子们都能带着期待积极参与，与老师一起共同参与、共同学习。

停课不停学，你我同参与，真心希望在这特殊时期的我和孩子，收获的不仅仅有知识，更有自觉、自律、理解、包容与感恩。

回忆这么多年的班主任工作，一件件小事构成了平凡的一天天；一次次用心的付出总能看到孩子们的快乐成长；一份份满意的答卷总能见证班主任的成长；做班主任唯有用心、用情、用计、用法，才能让自己的工作越来越有趣，越来越快乐，越来越幸福。

共同成长，相互成就

深圳·宝安区灵芝小学　王　琪

王琪，华南师范大学教育学硕士，中共党员，曾参与《通心·童心·同心：王小玲名班主任工作室班本课程设计》《养正启智》《小豆豆识字记》等多本书籍的编写，主持和参与多项市级、区级课题。曾获得广东省名班主任工作室联盟主题班会说课比赛小学组特等奖，深圳市综合实践活动课程教师说课比赛一等奖，宝安区小学语文教师语言才艺比赛一等奖，宝安区小学语文"好作业"评选一等奖。

小见解

建立联结　精准施教

一转眼，当班主任已经有七八个年头。有人说班主任是世界上"最小的主

141

任"，但是"最小的主任"却经营着最伟大的事业——教书育人。班主任管的事情琐碎而复杂，大到教育教学工作，小到丢尺子橡皮，事无巨细，都要班主任参与。班主任是一个协调多方教育力量的重要岗位，班主任工作是学生日常思想品德教育和身心健康成长最重要的途径。回想这些年的班主任工作经历，我认为有几点是比较重要的。

第一，建立良好的师生关系，联结彼此。小学生特别是低年级学生，具有较强的向师性。所谓"亲其师，信其道"，孩子会因为喜欢某个老师而特别听这个老师的话，模仿这个老师的一言一行，也很可能因为不喜欢某个老师而抗拒接受教育。因此，在班级管理中，建立良好的师生关系应该放在首要位置，有了良好的关系奠基，后面的教育工作才会更加顺利。班主任在与学生沟通的过程中，要注意从学生的角度思考问题，进入他们的语言体系。如果学生感受到班主任是理解他的、是包容他的，那他就会有更强的安全感，跟班主任的联结会更加紧密，教育也就成了自然而然的事情。

第二，尊重学生成长的规律，精准施教。学生因为成长背景和家庭教育方式的不同，思维模式和行为方式是千差万别的，就算是双胞胎，也会显示出不同的个性。班主任要了解每个孩子的个性，尊重他的成长规律，做到"精准施教"，才能取得事半功倍的效果。所谓"精准"，就是"有的放矢，因人而异"，这折射出班主任的育人能力和教育机智。从学生的思想、心理、学习及生活问题，采取恰当的方式，有针对性地进行引导。

第三，重视自身专业的成长，反思提高。班主任工作比较琐碎，除了自己的教学工作外，还有班级管理的各项事务，课间再处理几个学生的小矛盾，一天到晚奔波于办公室和教室之间，忙碌而劳累，日复一日，年复一年。因此，班主任要学会从日常中抽身，以旁观者的身份审视自己的工作，总结反思，这样才能不断完善现有的模式，不断提高工作效率。

因育人工作的特殊性，班主任这个岗位的成长永无止境。教学相长，学生在成长，我们也在教育学生的过程中自我成长。"最小的主任"其实创造的是"最大的世界"，这种相互成就的价值是无法估量的，这也是班主任工作的幸福所在。

实践录

抓住契机，用好方法

班主任就像是学生在学校里的"大家长"，事无巨细，样样要管。在琐碎的事情中，班主任除了要有一颗爱学生的心，更重要的是还需要抓住一些重要契机，运用一些好用的方法，才能够更好地进行班级管理。

（一）重要契机：第一次见面，树立榜样

一年级小朋友刚进入校园，对一切都充满好奇。班主任利用好第一次见面的契机，既能够为师生关系打下良好基础，又能够为小朋友的小学生活开个好头。首先，班主任对见面时的细节要在脑海中预演一遍，做好充分准备，比如说自我介绍怎么说才合适，常规教育怎么做才最有效。其次，在教学生做常规教育的过程中，及时发现做得好的孩子，多加赞赏，既可以让被表扬的孩子充分体验成就感，又可以给其他孩子树立良好的榜样。报到那天见面前，我准备了小太阳贴纸、每个孩子一本心愿存折（存贴纸用）。孩子们第一次来到班上，一个个的眼睛都是亮亮的，等待着我说点什么。我把心愿存折发给每个孩子，告诉他们，我们是小树苗中队，每个人心里都有一棵小树，小树要有阳光和雨水才能长大，所以要用好的表现来换小太阳贴纸，小树才会长大。将行为习惯和小树成长挂钩，孩子们的心里有更直观的印象。接下来就是树立榜样了。每发现一个孩子做得好，我就赶紧大力表扬一番，并认真给他送上小贴纸，其他孩子马上有样学样跟着做起来。我仔细捕捉每个孩子值得表扬的地方，第一次见面，几乎每个孩子都给自己的"小树"攒了几个"小太阳"。

（二）重要方法：建立联结，增进感情

所谓"亲其师，信其道"，特别是对于小学生来说，具有很强的向师性。他们会模仿老师的一言一行，一举一动。一年级班主任在管理班级时，要把营造良好的师生关系放在首位，孩子喜欢老师，教育的效果会事半功倍。建立师生间的情感联结，一方面是跟全班的联结，班主任可以跟孩子们约定一些"小秘密"。比如，当老师竖起大拇指，就表示表扬；当老师把食指放在唇边"嘘"一声，表示希望同学们安静；当老师摸摸你的头时，表示老师看到了你的进步。其实可能很多班主任都会这样做，但是跟孩子们有个提前的约定，效果会好很多。另一方面是跟学生个体的联结，这个要利用好单独教育的机会，让孩子觉得班主任跟他之间的感情"不一样"。例如，有个孩子早上迟到了，因为赶着出操，我就没有批评他。但是我发现他出操的时候格外认真，一直在偷偷瞄着我。我觉得这是个不错的教育机会，要利用起来。我先私下跟他沟通，说批评和扣贴纸是必要的，但是如果老师看到了他的进步，会把扣掉的贴纸补还给他，他点了点头。我上课时，先是说了这个同学上课迟到的事情，当着全班的面扣掉他的贴纸。但是课堂上，我又多提问了他几次，表扬他回答问题积极，把贴纸奖励给他。这样一来，既达到了教育效果，又不会伤孩子的心。

（三）重要方法：示范相处，解决冲突

一年级的小朋友从家里来到学校，从幼儿园的小集体来到小学的大集体，而且每天在学校待的时间更长，需要遵守的规则更多，难免会有大大小小的摩擦。我几乎每天都能够接到投诉："老师，他打我！""老师，他扯我头发！""老师，他拿我尺子！"一年级的课间，就是此起彼伏的"老师！""老师！"每次遇到处理一个"典型"的冲突，我都会在全班面前复盘一次，把正确的处理方法示范一遍。虽然没办法一次奏效，但是慢慢地，类似的事情就会减少。有一次出操，小沐和小马在队列里推来推去，眼看就要打起来。我过去了解，其实是小沐想要小马往里挪一点来对齐，他就拉了一把小马。结果小马以为小沐打他，反手就是一下。小沐觉得自己很冤，就打回去。这个事情我在全班面前复盘，教他们凡事要"先问"。比如，小马如果先问一句："你拉我干吗？"小沐回答："我想你往里挪一点对齐。"那后面的肢体冲突就不会发生。后来又有类似的事情，我反复跟孩子们强调，动手前一定要"先问"。很多事情其实问清楚了，就没有动手的必要了。

1. 孩子是最好的老师

面对孩子，作为老师和父母，我们经常评价他们，看哪里做得好，哪里做得不好，想想是否还需要纠正和教育。有人把老师比作园丁，这种情不自禁想要"修修剪剪"的心态，或许是其中一方面。但我们是否想过，孩子面对我们，他们是什么样的心态？如果换个角度，顺应孩子的天性，从孩子的身上学习如何与他们相处，"园丁"的幸福感说不定会更强。

2. 天生的智慧

"老师遇到一个难题了……"教室里，我正认真地向孩子们"求助"，

"今天中午放学好晒，可是整队的时候，我们班好几个同学都没有听到我的口令。队伍一直不整齐，我们一直在烈日下晒着，好热好难受。你们说怎么办？"孩子们七嘴八舌地提意见："让他们出列。""小队长提醒他们。""我们一起再来一遍。"那几个走神没听到口令的学生一开始红着脸坐着不动，到后面也跟着一起出主意。下午放学整队的时候，一声令下，队伍整整齐齐，我的"难题"解决了。

小孩子有一种天生的智慧来处理自己的行为，我们作为大人，跟他们一起发现这些方式，陪他们去完成，要比惩罚来得有效。

3. 纯粹的善意

中午放学，我站在前门口喊排队，很多人进出前门，小轩急着往外排队，不小心滑了一下，小远往里走要拿东西，所以两个人面对面碰上，小轩结结实实地撞到小远的怀里。小轩马上起身说对不起，小远很开心地跟我说："老师，还好我接住他了，不然他整个儿摔倒了。"

孩子之间就是这样，从他们的视角来看，不是"老师他挡住我"而是"对不起"，不是"老师他撞我"而是"还好接住了"，更多的是善意和包容。孩子的很多行为，我们不要急着做判断，而是听听他们的想法，可能最终受教的是大人。

所以说，园丁不是照着统一样式修剪花草，而是了解每一种花草的特性，让他们充分把握成长的主动权。在引导和陪伴成长的过程中，我们会发现，其实，孩子才是最好的老师。

4."疏"比"堵"更有效

春末夏初，校园里的杧果树开始结出大大小小的果子。长长的枝条挂着一颗颗翠绿欲滴的小杧果，圆润可爱，深深闻一下还有酸甜的清香，甚是诱人。每天孩子们上学放学都会经过杧果树下，看着杧果一天天长大，不免动了小心思。掉在地上的杧果偷偷捡起来，留着把玩。更有甚者，地上捡不到，就站到树的围栏上，看能不能打下一两颗来。"杧果收集行动"正在孩子们之间悄悄蔓延开来，万一从围栏上摔下来，受伤是难免的。

我观察了几天，发现光是提醒并不能解决问题。孩子们对于新鲜事物总是充满好奇心，改变他们的做法，"宜疏不宜堵"。

有一天送完孩子们放学，回办公室的路上，我看到地上安安静静躺着一颗小杜果，把它捡起来，一时间心里有了个主意。

午读时间，我带着这颗小杜果走进教室，和孩子们有了下面一番对话。

我："你们知道这颗小杜果是哪里来的吗？"

生："树上掉的！"

我："为什么它会掉呢？"

生："虫子咬的！""长得太瘦！""风吹的！"

我："是啊，那这颗杜果掉下来之后呢？它该去哪里？"

孩子们陷入一片沉默……是直接扔掉呢？还是捡起来玩呢？好像都不是很对。

这时，我开始讲故事了。"每一颗小杜果长出来都是带着任务的，有的运气很好，在树上能一直长到成熟，那它的任务就是作为水果给人们吃。但是有的小杜果运气没那么好，还没成熟就掉下来了，那它的任务就是回到泥土，给杜果树再提供养分。有很多的植物都有这样的分工。'落红不是无情物，化作春泥更护花'，花瓣掉在地上，它很舍不得原来的家，就把自己变成养分，让其他伙伴长得更好。"

孩子们听得很入神，这时，我话锋一转："可是啊，我们有些同学阻止了小杜果去完成任务，把杜果捡来自己玩，玩坏了就扔垃圾桶。""对！对！对！那天××还把树上的杜果打下来。""他还把小杜果切破了！"孩子们开始相互"揭发"，伤害小杜果的孩子不好意思地下了低头。

从那天之后，孩子们再也没有打过树上的小杜果，路过杜果树下，看到掉在地上的杜果，也会捡起来再放回花坛里去，让它们去完成滋养大树的任务。看着那一个个小身影，我为孩子们的懂事感到十分欣慰。"人之初，性本善"，孩子们很多看似闹腾的行为都是事出有因，可能是好奇，可能是好心帮倒忙，可能是一时兴起……一切的一切，都应该从根本的观念上去改变，而不是只着眼于具体的行为。"疏"比"堵"要更有效，更长久。

"留白""写意"两相宜

"留白"是中国艺术作品创作中常用的手法，指为使整个画面更协调精美而有意留下空白，留出想象的空间；"写意"是国画的一种画法，用笔不苛求工细，注重神态的表现和抒发作者的意趣。班级管理中也有"留白"与"写意"，给学生充分的空间，用形式简单的活动达到多方面的教育效果。

（一）留白：自由和谐

小王子是个智商超群的孩子，因为上课的内容对他来说太简单，他总是坐立不安，左顾右盼，想着弄出点什么幺蛾子，大大影响了课堂纪律。刚开始，我尝试着用课堂行为规范去要求他，但发现压制越严，反弹越大。后来，他甚至上着上着就偷偷爬到外面看书。后来，我在和家长沟通后，采取放养的方式。在我的课上，只要他能掌握课堂内容，不影响其他同学，那就随他看书。现在我们班语文课堂上就是这样的景象：一群孩子在上课，有个孩子抱着一本《古文观止》看得津津有味，时不时抬起头来回答一下问题。课后，我经常可以收到他的作品，有时是一首小诗，有时是几个仿写的古字，有时是洋洋洒洒千把字的作文。他满心自豪地让我欣赏，我也在这些创作中发现不少惊喜。

一年中秋节，本来是家委会的妈妈说要做美食给孩子们吃。结果前一天两个小姑娘跟我说："王老师，我们要给你个惊喜。"那天的课间他们十几个人在楼梯和走廊窸窸窣窣偷偷排练，我一过去看马上散开，叫着："不许看！不许看！"我干脆静观其变。活动当天，我开了个头就把舞台交给两个小主持人。她们拿着稿子有模有样地主持，串起舞蹈、葫芦丝演奏、跆拳道等不同节目。虽然有观看同学走来走去影响了表演，但是总体效果还不错。后来，我听一位妈妈说，两个小姑娘有了想法后，根据班里同学的特长，拟了几个节目，一个个给他们打电话，约好第二天排练，自己写了主持稿，组织彩排。一群刚上三年级的小娃娃能来这么一出，还挺让人佩服的。

当班里有事需要决定的时候，一般我会先咨询他们的意见，用举手表决得出结果。我最常说的话就是："你觉得呢？""自己想办法解决。"这种对话方式在一定程度上培养了他们独立思考，自主完成力所能及事情的能力。但也带来一定的烦恼，他们无时无刻不想要跟我分享小脑瓜里的奇思妙想。最后不得不约法三章来建立更为科学合理的沟通模式。

每个孩子都是独一无二的，像一棵树上的叶子，看似相同，其实片片不同。先天条件、成长环境和家庭教育不同，所以个性不同，爱好不同。这些孩子生活在一个大集体里面，千差万别，百花齐放。一种教育经验再好，都不可能适用于每个孩子。作为老师，我们要尊重不同学生的成长规律，接纳和理解学生独特的个性行为，同时创设良好的环境和条件，让孩子能在体验中发展兴趣，发挥所长。

（二）写意：形简意丰

这班孩子是我教的第一届学生。怎么教，怎么带，我一开始全无概念。从接手第一天起，我就一直在摸索。因为缺乏经验，只能凭直觉，我觉得有意义的事情，都会尽量试一试。所以，我们一起做过不少"浪漫"的事。

我们一起种过牵牛花。一年级下学期，学到《手捧空花盆的孩子》，我买来牵牛花种子，发给每个孩子当礼物，让他们自己回家种。有一部分孩子不知丢哪儿去了，有一部分孩子种出了花朵。看着小牵牛花一点点长大，他们心里爱的种子也在一点点发芽。后来，学到《一株紫丁香》，我想起之前的牵牛花，就说："我送你们牵牛花，也是希望它能每天和你们做伴。"那个瞬间，好几个孩子看着我会心一笑，目光柔和而温暖。

我们一起在走廊看过雨。那是刚学过《雷雨》，深圳刚好进入了说变脸就变脸的雨季。上午阴天隐约有阳光，下午就黑云压顶。我正上着课，外面开始狂风大作，老天爷突然黑了脸，仿佛夜幕降临。大雨即将来袭，孩子们兴奋不已。雨来了，豆大的雨点打在窗台，细细的雨丝飘入班里。有飞奔着去关窗的，有跑去门口伸手接雨水的，有倚在桌子上托着腮帮子抬头看天的……满眼鸡飞狗跳，那一刻，我觉得自己误入动物园。"我们出去吧！"我说了句。"啥？""我们去外面看雨吧！""耶……"呼声刚落，一大半的人已经来到走廊上。我们就那样抬头看雨，低头看水，伸手接雨，伸脚踩水，玩了大概五六分钟，一个个带着一头水珠回到班里。零距离与大自然接触，我看到孩子们脸上心满意足的表情。抓紧时间，复习了跟雷雨有关的词语，一个比一个能说，我很是欣慰。

我们一起看过风暴瓶里的结晶如何反映天气的变化，我们一起养过蚕宝宝，我们一起读过《动物寓言》，我们一起静静地听过音乐……这些事情看似无用，但是后来我发现，都或多或少在他们的心里留下诗意的印记，让他们用更多维的角度去观察世界，用更丰富的内心去感受生活。

班级管理，需纪律，重细节，但也有"留白"，有"写意"。留出空间让学生自由发挥，平等地陪伴他们去体验与经历，有时，我们可能比"传道授业解惑"时更接近教育的本真。